PAMPHLETS SOCIALISTES

Beaugency. — Imp. Laffray.

PAMPHLETS SOCIALISTES

LE DROIT A LA PARESSE

LA RELIGION DU CAPITAL. — L'APPÉTIT VENDU

PIE IX AU PARADIS

PAR

PAUL LAFARGUE

PARIS

V. GIARD & E. BRIÈRE

LIBRAIRES-ÉDITEURS

16, RUE SOUFFLOT, 16

1900

PRÉFACE

Les écrits des socialistes sont d'ordinaire peu connus du grand public bien qu'ils soient l'expression intellectuelle du mouvement qui soulève les masses prolétariennes et qu'ils aient contribué à le lancer et à le diriger. Publiés dans des journaux et des brochures de propagande, ne circulant que dans les milieux ouvriers, ils ne peuvent qu'être difficilement procurés par les gens qui vivent en dehors. L'idée de les rendre accessibles aux personnes désirant se tenir au courant de l'histoire de leur temps nous a décidés à réunir en une brochure quatre pamphlets de M. Paul Lafargue, qui ont eu une vaste circulation en France aussi bien qu'à l'étranger.

Le Droit à la Paresse, que M. Paul Leroy-Beaulieu appelle un hymne à la paresse, a fait le tour de la presse socialiste française et a été traduit dans presque toutes les langues européennes; il a pénétré même dans l'empire des Tsars, malgré la police, imprimé et lithographié en russe et en polonais. *La Religion du Capital*, moins

répandue, a été cependant maintes fois traduite et imprimée en Europe et en Amérique, soit en partie, soit en
entier. *Pie IX au Paradis*, publié en 1881 par l'*Égalité*
et reproduit par la presse socialiste, fut imprimé et distribué en 1891 aux portes des églises de Lille par les
radicaux et les opportunistes, afin d'empêcher les ouvriers catholiques de voter pour M. Lafargue : mais ils
ne se laissèrent pas influencer et les votes populaires
arrachèrent le socialiste antireligieux de la prison à
laquelle M. Constans l'avait fait condamner par un jury
composé de patrons industriels de la région du Nord.

L'Appétit vendu, inédit en France, a paru dans le *Neue
Zeit*, la revue du parti socialiste allemand.

Les Éditeurs.

LE DROIT A LA PARESSE

RÉFUTATION DU DROIT AU TRAVAIL DE 1848

AVANT-PROPOS

M. Thiers, dans le sein de la commission sur l'instruction primaire de 1849, disait : « Je veux rendre toute-puissante l'influence du clergé, parce que je compte sur lui pour propager cette bonne philosophie qui apprend à l'homme qu'il est ici-bas pour souffrir et non cette autre philosophie, qui dit au contraire à l'homme : Jouis. » M. Thiers formulait la morale de la classe bourgeoise dont il incarna l'égoïsme féroce et l'intelligence étroite.

La Bourgeoisie, alors qu'elle luttait contre la noblesse, soutenue par le clergé, arbora le libre examen et l'athéisme; mais, triomphante, elle changea de ton et d'allure; et aujourd'hui elle entend étayer de la religion sa suprématie économique et politique. Aux xve et xvie siècles, elle avait allégrement repris la tradition païenne et glorifiait la chair et ses passions, réprouvées par le christianisme; de nos jours, gorgée de biens et de jouissances, elle renie les enseignements de ses penseurs, les Rabelais, les Diderot et prêche l'abstinence aux salariés. La morale capitaliste, piteuse parodie de la morale chrétienne, frappe d'anathème la chair du travailleur; elle prend pour idéal de réduire le producteur au plus petit minimun de besoins, de supprimer ses joies

et ses passions et de le condamner au rôle. de machine
délivrant du travail sans trêve, ni merci.

Les socialistes révolutionnaires ont à recommencer le
combat qu'ont combattu les philosophes et les pamphlé-
taires de la Bourgeoisie; ils ont à monter à l'assaut de
la morale et des théories sociales du Capitalisme; ils ont
à démolir dans les têtes de la classe, appelée à l'action,
les préjugés semés par la classe régnante; ils ont à pro-
clamer, à la face des cafards de toutes les morales, que
la terre cessera d'être la vallée de larmes du travailleur;
que dans la société communiste de l'avenir, que nous
fonderons « pacifiquement si possible, sinon violem-
ment », les passions des hommes auront la bride sur le
cou, car « toutes sont bonnes de leur nature, nous
n'avons rien à éviter que leur mauvais usage et leurs
excès » (1), et ils ne seront évités que par leur mutuel
contre-balancement, que par le développement harmo-
nique de l'organisme humain, car, dit le Dr Beddoe, « ce
n'est que lorsqu'une race atteint son maximum de développement physique, qu'elle atteint son plus haut point
d'énergie et de vigueur morale. » Telle était aussi l'opinion du grand naturaliste, Charles Darwin (2).

La réfutation du *Droit au travail* que je réédite, avec
quelques notes additionnelles, parut dans l'*Égalité* heb-
domadaire de 1880, deuxième série.

P. L.

Prison de Sainte-Pélagie, 1883.

---

(1) DESCARTES. Les passions de l'âme.
(2) Docteur BEDDOE. *Memoirs of the Anthropological
Society.* — CH. DARWIN. *Descent of man.*

LE DROIT A LA PARESSE

Réfutation du « Droit au Travail » de 1848.

> *Paressons en toutes choses, hormis en aimant et en buvant, hormis en paressant.*
>
> LESSING.

I

Un Dogme Désastreux.

Une étrange folie possède les classes ouvrières des nations où règne la civilisation capitaliste. Cette folie traîne à sa suite les misères individuelles et sociales qui, depuis deux siècles, torturent la triste humanité. Cette folie est l'amour du travail, la passion furibonde du travail, poussée jusqu'à l'épuisement des forces vitales de l'individu et de sa progéniture. Au lieu de réagir contre cette aberration mentale, les prêtres, les économistes, les moralistes, ont sacro-sanctifié le travail. Hommes aveugles et bornés, ils ont voulu être plus sages que leur Dieu ; hommes faibles et méprisables, ils ont voulu réhabiliter ce que leur Dieu avait maudit. Moi, qui ne professe d'être chrétien, économe et moral, j'en appelle de leur jugement à celui de leur Dieu ; des prédications de leur morale religieuse, économique, libre penseuse, aux épouvantables conséquences du travail dans la société capitaliste.

Dans la société capitaliste, le travail est la cause de toute dégénérescence intellectuelle, de toute déformation organique. Comparez le pur sang des écuries de Rothschild, servi par une valetaille de bimanes, à la lourde brute des fermes normandes qui laboure la terre, charriote le fumier, engrange la moisson. Regardez le noble sauvage que les missionnaires du commerce et les commerçants de la religion n'ont pas encore corrompu avec le christianisme, la syphilis et le dogme du travail, et regardez ensuite nos misérables servants de machines (1).

---

(1) Les explorateurs européens s'arrêtent étonnés devant la beauté physique et la fière allure des hommes des peuplades primitives, non souillés par ce que Pæppig appelait le « souffle empoisonné de la civilisation ». Parlant des Aborigènes des îles océaniennes, lord George Campbell écrit : « Il n'y a pas de peuple au monde qui frappe davantage au premier abord. Leur peau unie et d'une teinte légèrement cuivrée, leurs cheveux dorés et bouclés, leur belle et joyeuse figure, en un mot, toute leur personne formaient un nouvel et splendide échantillon du *genus homo* ; leur apparence physique donnait

Quand, dans notre Europe civilisée, on veut retrouver une trace de la beauté native de l'homme, il faut l'aller chercher chez les nations où les préjugés économiques n'ont pas encore déraciné la haine du travail,

---

l'impression d'une race supérieure à la nôtre. » Les civilisés de l'ancienne Rome, les César, les Tacite, contemplaient avec la même admiration les Germains des tribus communistes qui envahissaient l'empire romain. — Ainsi que Tacite, Salvien, le prêtre du v° siècle, qu'on surnomma le *maître des évêques*, donnait les barbares en exemple aux civilisés et aux chrétiens : « Nous sommes impudiques au milieu des barbares, plus chastes que nous. Bien plus, les barbares sont blessés de nos impudicités, les Goths ne souffrent pas qu'il y ait parmi eux des débauchés de leur nation; seuls au milieu d'eux, par le triste privilège de leur nationalité et de leur nom, les Romains ont le droit d'être impurs. (La pédérastie était alors en grande mode parmi les païens et les chrétiens)... Les opprimés s'en vont chez les barbares chercher de l'humanité et un abri. » — (*De Gubernatione Dei.*) La vieille civilisation et le christianisme naissant corrompirent les barbares du vieux monde; comme le christianisme vieilli et la moderne civilisation capitaliste corrompent les sauvages du nouveau monde.

M. F. Le Play, dont on doit reconnaître le talent d'observation, alors même que l'on rejette ses conclusions sociologiques, entachées de prudhomisme philanthropique et chrétien, dit dans son livre *les Ouvriers européens* (1885) : « La propension des bachkirs pour la paresse (l s bachkirs sont des pasteurs semi-nomades du versant asiatique de l'Oural); les loisirs de la vie nomade, les habitudes de méditation qu'elles font naître chez les in-

L'Espagne qui, hélas ! dégénère, peut encore se vanter de posséder moins de fabriques que nous de prisons et de casernes ; mais l'artiste se réjouit en admirant le hardi Andalou, brun comme des castagnes, droit et flexible comme une tige d'acier ; et le cœur de l'homme tressaille en entendant le mendiant, superbement drapé dans sa *cupa* trouée, traiter d'*amigo* des duc d'Ossuna. Pour l'Espagnol, chez qui l'animal primitif n'est pas atrophié, le travail est le pire des esclavages (1). Les Grecs de la grande époque n'avaient, eux aussi, que mépris pour le travail ; aux esclaves seuls il était permis de travailler : l'homme libre ne connaissait que les exercices corporels et les jeux de l'intelligence. C'était aussi le temps où l'on marchait et respirait dans un peuple d'Aristote, de Phidias, d'Aristophane ; c'était le temps où une poignée de braves écrasait à Marathon les hordes de l'Asie qu'Alexandre allait bientôt conqué-rir. Les philosophes de l'antiquité enseignaient le mé-

---

dividus les mieux doués communiquent souvent à ceux-ci une distinction de manières, une finesse d'intelligence et de jugement qui se remarque rarement au même niveau social dans une civilisation plus développée... Ce qui les répugne le plus, ce sont les travaux agricoles ; ils font tout plutôt que d'accepter le métier d'agriculteur. » L'agri-culture est en effet, la première manifestation du travail servil dans l'humanité. Selon la tradition biblique, le premier criminel, Caïn, est un agriculteur.

(1) Le proverbe espagnol dit : *Descanzar es salud* (se reposer est santé).

pris du travail, cette dégradation de l'homme libre ; les
poètes chantaient la paresse, ce présent des Dieux :

O Melibœ Deus nobis hæc otia fecit (1).

Christ, dans son discours sur la montagne, prêcha
la paresse : « Contemplez la croissance des lis des
champs, ils ne travaillent ni ne filent, et cependant, je
vous le dis, Salomon, dans toute sa gloire, n'a pas été
plus brillamment vêtu (2). » Jéhovah, le dieu barbu et
rébarbatif, donna à ses adorateurs le suprême exemple
de la paresse idéale ; après six jours de travail, il se repose pour l'éternité.

Par contre, quelles sont les races pour qui le travail
est une nécessité organique? les Auvergnats; les Écos-
sais, ces Auvergnats des îles britanniques; les Galle-
gos, ces Auvergnats de l'Espagne; les Poméraniens, ces
Auvergnats de l'Allemagne; les Chinois, ces Auvergnats de l'Asie. Dans notre société, quelles sont les
classes qui aiment le travail pour le travail? Les
paysans propriétaires, les petits bourgeois, les uns
courbés sur leurs terres, les autres acoquinés dans leurs
boutiques, se remuent comme la taupe dans sa galerie
souterraine, et jamais ne se redressent pour regarder à
loisir la nature.

Et cependant, le prolétariat, la grande classe qui em-

---

(1) O Mélibé, un Dieu nous a donné cette oisiveté.
Virgile, *Bucoliques*. (Voir appendice.)
(2) Évangile selon sain^t Mathieu, chap. vi.

brasse tous les producteurs des nations civilisées, la
classe qui, en s'émancipant, émancipera l'humanité du
travail servile et fera de l'animal humain un être libre,
le prolétariat, trahissant ses instincts, méconnaissant sa
mission historique, s'est laissé pervertir par le dogme
du travail. Rude et terrible a été son châtiment. Toutes
les misères individuelles et sociales sont nées de sa passion pour le travail.

II

Bénédictions du travail.

En 1770, parut, à Londres, un écrit anonyme inti-
tulé : *An Essay on trade and commerce*. Il fit à l'époque
un certain bruit. Son auteur, grand philanthrope,
s'indignait de ce que « la plèbe manufacturière d'Angleterre s'était mise dans la tête l'idée fixe qu'en qualité d'Anglais, tous les individus qui la composent ont,
par droit de naissance, le privilège d'être plus libres et
plus indépendants que les ouvriers de n'importe quel
autre pays de l'Europe. Cette idée peut avoir son uti-
lité pour les soldats dont elle stimule la bravoure; mais
moins les ouvriers des manufactures en sont imbus,
mieux cela vaut pour eux-mêmes et pour l'État. Des
ouvriers ne devraient jamais se tenir pour indépendants de leurs supérieurs. Il est extrêmement dangereux d'encourager de pareils engouements dans un État

commercial comme le nôtre, où peut-être les sept hui-
tièmes de la population n'ont que peu ou pas de propriété. La cure ne sera pas complète tant que nos pauvres
de l'industrie ne se résigneront pas à travailler six jours
pour la même somme qu'ils gagnent maintenant en
quatre. » — Ainsi, près d'un siècle avant Guizot, on prêchait ouvertement à Londres le travail comme un frein
aux nobles passions de l'homme. « Plus mes peuples
travailleront, moins il y a aura des vices, écrivait
d'Osterode, le 5 mai 1807, Napoléon. Je suis l'auto-
rité... et je serais disposé à ordonner que le dimanche,
passé l'heure des offices, les boutiques fussent ouvertes
et les ouvriers rendus à leur travail. » Pour extirper la
paresse et courber les sentiments de fierté et d'indépendance qu'elle engendre, l'auteur de l'*Essay on trade*
proposait d'incarcérer les pauvres dans des maisons idéales de travail (*ideal workhouses*) qui deviendraient « des
maisons de terreur où l'on ferait travailler 14 heures
par jour, de telle sorte que, le temps des repas soustrait,
il resterait douze heures de travail pleines et entières ».

Douze heures de travail par jour, voilà l'idéal des
philanthropes et des moralistes du xviii° siècle. Que
nous avons dépassé ce *nec plus ultra!* Les ateliers modernes sont devenus des maisons idéales de correction,
où l'on incarcère les masses ouvrières, où l'on condamne au travail forcé pendant 12 et 14 heures, non
seulement les hommes, mais les femmes et les enfants (1)! Et dire que les fils des héros de la Terreur se

---

(1) Au premier Congrès de bienfaisance tenu à Bruxel-

sont laissé dégrader par la religion du travail au point d'accepter, après 1848, comme une conquête révolutionnaire, la loi qui limitait à douze heures le travail dans les fabriques; ils proclamaient, comme un principe révolutionnaire, le *Droit au travail.* Honte au prolétariat français! Des esclaves seuls eussent été capables d'une telle bassesse. Il faudrait vingt ans de civilisation capitaliste à un Grec des temps héroïques pour concevoir un tel avilissement.

Et si les douleurs du travail forcé, si les tortures de la faim se sont abattues sur le prolétariat, plus nombreuses que les sauterelles de la Bible, c'est lui qui les a appelées.

Ce travail, qu'en juin 1848 les ouvriers réclamaient les armes à la main, ils l'ont imposé à leurs familles; ils ont livré, aux barons de l'industrie, leurs femmes

---

les, en 1857, un des plus riches manufacturiers de Marquette, près de Lille, M. Scrive, aux applaudissements des membres du Congrès, racontait, avec la noble satisfaction d'un devoir accompli : « Nous avons introduit quelques moyens de distraction pour les enfants. Nous leur apprenons à chanter pendant le travail, à compter également en travaillant; cela les distrait et les fait accepter avec courage *ces douze heures de travail qui sont nécessaires pour leur procurer des moyens d'existence.* » — Douze heures de travail, et quel travail! imposées à des enfants qui n'ont pas douze ans! — Les matérialistes regretteront toujours qu'il n'y ait pas un enfer pour y clouer ces chrétiens, ces philanthropes, bourreaux de l'enfance!

et leurs enfants. De leurs propres mains, ils ont démoli leur foyer domestique, de leurs propres mains, ils ont tari le lait de leurs femmes : les malheureuses, enceintes et allaitant leurs bébés, ont dû aller dans les mines et les manufactures tendre l'échine et épuiser leurs nerfs; de leurs propres mains, ils ont brisé la vie et la vigueur de leurs enfants. — Honte aux prolétaires! Où sont ces commères dont parlent nos fabliaux et nos vieux contes, hardies au propos, franches de la gueule, amantes de la dive bouteille? Où sont ces luronnes, toujours trottant, toujours cuisinant, toujours chantant, toujours semant la vie, en engendrant la joie, enfantant sans douleurs des petits sains et vigoureux?... Nous avons aujourd'hui les filles et les femmes de fabrique, chétives fleurs aux pâles couleurs, au sang sans rutilance, à l'estomac délabré, aux membres alanguis!... Elles n'ont jamais connu le plaisir robuste et ne sauraient raconter gaillardement comment l'on cassa leur coquille! — Et les enfants? Douze heures de travail aux enfants! O misère! — Mais tous les Jules Simon de l'Académie des sciences morales politiques, tous les Germinys de la jésuiterie, n'auraient pu inventer un vice plus abrutissant pour l'intelligence des enfants, plus corrupteur de leurs instincts, plus destructeur de leur organisme, que le travail dans l'atmosphère viciée de l'atelier capitaliste.

Notre époque est, dit-on, le siècle du travail; il est, en effet, le siècle de la douleur, de la misère et de la corruption.

Et cependant, les philosophes, les économistes bour-

geois, depuis le péniblement confus Auguste Comte,
jusqu'au ridiculement clair Leroy-Béaulieu ; les gens de
lettres bourgeois, depuis le charlatanesquement roman-
tique Victor Hugo, jusqu'au naïvement grotesque Paul
de Kock, tous ont entonné des chants nauséabonds en
l'honneur du dieu Progrès, le fils aîné du Travail. A
les entendre, le bonheur allait régner sur la terre :
déjà on en sentait la venue. Ils allaient dans les siècles
passés fouiller la poussière et les misères féodales pour
rapporter de sombres repoussoirs aux délices des temps
présents. — Nous ont-ils fatigués, ces repus, ces satisfaits, naguère encore membres de la domesticité des
grands seigneurs, aujourd'hui valets de plume de la
bourgeoisie, grassement rentés ; nous ont-ils fatigués
avec le paysan du rhétoricien La Bruyère ? Eh bien !
voici le brillant tableau des jouissances prolétariennes
en l'an de Progrès capitaliste 1840, peint par un des
leurs, par le Dr Villermé, membre de l'Institut, le même
qui, en 1848, fit partie de cette société de savants
(Thiers, Cousin, Passy, Blanqui, l'adacémicien, en
étaient), qui propagea dans les masses les sottises de
l'économie et de la morale bourgeoises.

C'est de l'Alsace manufacturière que parle le Dr Villermé, de l'Alsace des Kestner, des Dollfus, ces fleurs
de la philanthropie et du républicanisme industriels.
— Mais avant que le docteur ne dresse devant nous le
tableau des misères prolétariennes, écoutons un manufacturier alsacien, M. Th. Mieg, de la maison Dollfus,
Meig et Cie, dépeignant la situation de l'artisan de l'ancienne industrie : « A Mulhouse, il y a cinquante ans

(en 1813, alors que la moderne industrie mécanique naissait), les ouvriers étaient tous enfants du sol, habitant la ville et les villages environnants et possédant presque tous une maison et souvent un petit champ (1). » C'était l'âge d'or du travailleur. — Mais alors, l'industrie alsacienne n'inondait pas le monde de ses cotonnades et n'emmillionnait pas ses Dollfus et ses Kœchlin. Mais, vingt-cinq ans après, quand Villermé visita l'Alsace, le minotaure moderne, l'atelier capitaliste, avait conquis le pays; dans sa boulimie de travail humain, il avait arraché les ouvriers de leurs foyers pour mieux les tordre et pour mieux exprimer le travail qu'ils contenaient. C'étaient par milliers que les ouvriers accouraient au sifflement de la machine. « Un grand nombre, dit Villermé, cinq mille sur dix-sept mille, étaient contraints, par la cherté des loyers, à se loger dans les villages voisins. Quelques-uns habitaient à deux lieues et même deux lieues et quart de la manufacture où ils travaillaient.

« A Mulhouse, à Dornach, le travail commençait à cinq heures du matin et finissait à cinq heures du soir, été comme hiver... Il faut les voir arriver chaque matin en ville et partir chaque soir. Il y a parmi eux une multitude de femmes pâles, maigres, mar-

---

(1). *Discours* prononcé à la *Société internationnale d'études pratiques d'économie sociale de Paris,* en mai 1863, et publié dans l'*Économiste français* de la même époque.

chant pieds nus au milieu de la boue et qui, à défaut
de parapluies, portent renversés sur la tête, lorsqu'il
pleut ou qu'il neige, leurs tabliers ou jupons de dessus
pour se préserver la figure et le cou, et un nombre plus
considérable de jeunes enfants non moins sales, non
moins hâves, couverts de haillons, tout gras de l'huile
des métiers qui tombe sur eux pendant qu'ils travaillent. Ces derniers, mieux préservés de la pluie par
l'imperméabilité de leurs vêtements, n'ont même pas
au bras, comme les femmes dont ont vient de parler,
un panier où sont les provisions de la journée; mais
ils portent à la main ou cachent sous leurs vestes ou
comme ils peuvent, le morceau de pain qui doit les
nonrrir jusqu'à l'heure de leur rentrée à la maison.

« Ainsi, à la fatigue d'une journée démesurément
longue, puisqu'elle a au moins quinze heures, vient se
joindre pour ces malheureux celle des allées et venues
si fréquentes, si pénibles. Il résulte que le soir ils arrivent chez eux accablés par le besoin de dormir, et que
le lendemain ils en sortent avant d'être complètement
reposés pour se trouver à l'atelier à l'heure de l'ouver-
ture. »

Voici maintenant les bouges où s'entassaient ceux
qui logeaient en ville : « J'ai vu à Mulhouse, à Dornach
et dans des maisons voisines, de ces misérables loge-
ments où deux familles couchaient chacune dans un
coin, sur la paille jetée sur le carreau et retenue par
deux planches... Cette misère dans laquelle vivent les
ouvriers de l'industrie du coton dans le département du
Haut-Rhin est si profonde, qu'elle produit ce triste ré-

sultat que, tandis que dans les familles des fabricants, négociants, drapiers, directeurs d'usines, la moitié des enfants atteint la vingt et unième année, cette même moitié cesse d'exister avant deux ans accomplis dans les familles de tisserands et d'ouvriers des filatures de coton »....

Parlant du travail de l'atelier, Villermé ajoute : « Ce n'est pas là un travail, une tâche, c'est une torture, et on l'inflige à des enfants de six à huit ans... C'est ce long supplice de tous les jours qui mine principalement les ouvriers dans les filatures de coton. » Et, à propos de la durée du travail, Villermé observait que les forçats des bagnes ne travaillent que dix heures, les esclaves des Antilles neuf heures en moyenne, tandis qu'il existait dans la France qui avait fait la Révolution de 89, qui avait proclamé les pompeux *Droits de l'Homme*, « des manufactures où la journée était de seize heures, sur lesquelles on n'accordait aux ouvriers qu'une heure et demie pour les repas » (1).

---

(1) L.-R. Villermé. *Tableau de l'état physique et moral des ouvriers dans les fabriques de coton, de laine et de soie* (1840). Ce n'était pas parce que les Dollfus, les Kœchlin et autres fabricants alsaciens étaient des républicains, des patriotes et des philanthropes protestants qu'ils traitaient de la sorte leurs ouvriers ; car Blanqui, l'académicien, Reybaud, le prototype de Jérôme Paturot, et Jules Simon, le maître Jacques politique, ont constaté les mêmes aménités pour la classe ouvrière chez les fabricants très catholiques et très monarchiques de Lille et de Lyon. Ce sont là des vertus capitalistes s'har-

O misérable avortement des principes révolutionnaires de la bourgeoisie! ô lugubres présents de son
dieu Progrès! — Les philantropes acclament bienfaiteurs de l'Humanité ceux qui, pour s'enrichir en fai-
néantant, donnent du travail aux pauvres; mieux vau-
drait semer la peste, empoisonner les sources que
d'ériger une fabrique capitaliste au milieu d'une population rustique. — Introduisez le travail de fabrique et
adieu joie, santé, liberté; adieu tout ce qui fait la vie
belle et digne d'être vécue (1).

Et les économistes s'en vont répétant aux ouvriers :
Travaillez pour augmenter la fortune sociale! et cependant un économiste, Destutt de Tracy, leur répond :
« Les nations pauvres, c'est là où le peuple est à son
aise; les nations riches, c'est là où il est ordinairement

---

monisant à ravir avec toutes les convictions politiques et
religieuses.

(1) Les Indiens des tribus belliqueuses du Brésil tuent
leurs infirmes et leurs vieillards; ils témoignent leur amitié en mettant fin à une vie qui n'est plus réjouie par des
combats, des fêtes et des danses. Tous les peuples primitifs ont donné aux leurs ces preuves d'affection : les Mas-
sagètes de la mer Caspienne (Hérodote) aussi bien que
les Wens de l'Allemagne et les Celtes de la Gaule. Dans
les églises de Suède, dernièrement encore, on conservait
des massues dites *massues familiales,* qui servaient à
délivrer les parents des tristesses de la vieillesse. Combien dégénérés sont les prolétaires modernes pour accepter en patience les épouvantables misères du travail de
fabrique!

.pauvre ; » et son disciple Cherbulliez de continuer :
« Les travailleurs eux-mêmes, en coopérant à l'accumulation des capitaux productifs, contribuent à l'évé-
nement qui, tôt ou tard, doit les priver d'une partie de
leur salaire. » Mais assourdis et idiotisés par leurs
propres hululements, les économistes de répondre :
Travaillez, travaillez toujours pour créer votre bien-
être ! Et, au nom de la mansuétude chrétienne, un
prêtre de l'Église anglicane, le révérend Townshend,
psalmodie : travaillez, travaillez nuit et jour ; en travaillant, vous faites croître votre misère, et votre misère nous dispense de vous imposer le travail par la
force de la loi. L'imposition légale du travail « donne
trop de peine, exige trop de violence et fait trop de
bruit ; la faim, au contraire, est non seulement une
pression paisible, silencieuse, incessante, mais comme
le mobile le plus naturel du travail et de l'industrie,
elle provoque aussi les efforts les plus puissants ». Travaillez, travaillez, prolétaires, pour agrandir la fortune
sociale et vos misères individuelles ; travaillez, travaillez, pour que, devenant plus pauvres, vous ayez plus de
raison de travailler et d'être misérables. Telle est la loi
inexorable de la production capitaliste.

Parce que prêtant l'oreille aux fallacieuses paroles des
économistes, les prolétaires se sont livrés corps et âme
au vice du travail, ils précipitent la société tout entière
dans ces crises industrielles de surproduction qui con-
vulsent l'organisme social. Alors, parce qu'il y a plé-
thore de marchandises et pénurie d'acheteurs, les ateliers se ferment et la faim cingle les populations

ouvrières de son fouet aux mille lanières. Les prolétaires, abrutis par le dogme du travail, né comprenant
pas que le sur-travail qu'ils se sont infligés pendant le
temps de prétendue prospérité est la cause de leur misère présente, au lieu de courir aux greniers à blé et de
crier : « Nous avons faim, nous voulons manger!...
Vrai, nous avons pas un rouge liard, mais tous gueux
que nous sommes, c'est nous cependant qui avons mois-
sonné le blé et vendangé le raisin... » — Au lieu d'as-
siéger les magasins de M. Bonnet, de Jujurieux, l'in-
venteur des couvents industriels, et de clamer :
« M. Bonnet, voici vos ouvrières ovalistes, mouli-
neuses, fileuses, tisseuses, elles grelottent sous leurs
cotonnades rapetassées à chagriner l'œil d'un juif et
cependant, ce sont elles qui ont filé et tissé les robes de
soie des cocottes de toute la chrétienté. Les pauvresses,
travaillant treize heure par jour, n'avaient pas le temps
de songer à la toilette, maintenant, elles chôment et
peuvent faire du frou-frou avec les soieries qu'elles ont
ouvrées. Dès qu'elles ont perdu leurs dents de lait, elles
se sont dévouées à votre fortune et ont vécu dans l'abstinence; maintenant, elles ont des loisirs et veulent
jouir un peu des fruits de leur travail. Allons, M. Bonnet, livrez vos soieries, M. Harmel fournira ses mous-
selines, M. Pouyer-Quertier ses calicots, M. Pinet ses
bottines pour leurs chers petits pieds froids et hu-
mides... Vêtues de pied en cap, et fringantes, elles vous
feront plaisir à contempler. Allons, pas de tergiversa-
tions — vous êtes ami de l'humanité, n'est-ce pas, et
chrétien par-dessus le marché? — Mettez à la disposi-

tion de vos ouvrières la fortune qu'elles vous ont édi-
fiée avec la chair de leur chair. — Vous êtes ami du
commerce? — Facilitez la circulation des marchandises;
voici des consommateurs tous trouvés; ouvrez-leur des
crédits illimités. Vous êtes bien obligé d'en faire à des né-
-gociants que vous ne connaissez ni d'Adam ni d'Ève, qui
ne vous ont rien donné, pas même un verre d'eau. Vos
ouvrières s'acquitteront comme elles le pourront; si, au
jour de l'échéance, elles gambettisent et laissent protes-
ter leur signature, vous les mettrez en faillite, et si
elles n'ont rien à saisir, vous exigerez qu'elles vous
paient en prières : elles vous enverront en paradis,
mieux que vos sacs noirs, au nez gorgé de tabac. »

Au lieu de profiter des moments de crise pour une
distribution générale des produits et un gaudissement
universel, les ouvriers, crevant la faim, s'en vont
battre de leur tête les portes de l'atelier. Avec des
figures hâves, des corps amaigris, des discours piteux,
ils assaillent les fabricants : « Bon M. Chagot, doux
M. Schneider, donnez-nous du travail, ce n'est pas la
faim, mais la passion du travail qui nous tour-
mente! » Et ces misérables qui ont à peine la force de
se tenir debout, vendent douze et quatorze heures de
travail deux fois moins cher que lorsqu'ils avaient du
pain sur la planche. Et les philanthropes de l'industrie
de profiter des chômages pour fabriquer à meilleur
marché.

Si les crises industrielles suivent les périodes de sur-
travail aussi fatalement que la nuit le jour, traînant
après elles le chômage forcé et la misère sans issue,

elles amènent aussi la banqueroute inexorable. Tant
que le fabricant a du crédit, il lâche la bride à la rage
du travail, il emprunte et emprunte encore pour fournir
la matière première aux ouvriers. Il fait produire, sans
réfléchir que le marché s'engorge et que, si ses marchandises n'arrivent pas à la vente, ses billets vien-
dront à l'échéance. Acculé, il va implorer le juif, il se
jette à ses pieds, lui offre son sang, son honneur. « Un
petit peu d'or ferait mieux mon affaire, répond le Rothschild, vous avez 20,000 paires de bas en magasin, ils
valent vingt sous, je les prend à quatre sous. » Les bas
obtenus le juif les vend six et huit sous, et empoche
de frétillantes pièces de cent sous qui ne doivent rien à
personne : mais le fabricant a reculé pour mieux sauter. Enfin, la débâcle arrive et les magasins dégorgent ;
on jette alors tant de marchandises par la fenêtre,
qu'on ne sait comment elles sont entrées par la porte.
C'est par centaines de millions que se chiffre la valeur
des marchandises détruites ; au siècle dernier on les
brûlait ou on les jetait à l'eau (1).

Mais avant d'aboutir à cette conclusion, les fabricants
parcourent le monde en quête de débouchés pour les
marchandises qui s'entassent ; ils forcent leur gouvernement à annexer des Congo, à s'emparer des Tonkin,

---

(1) Au Congrès industriel tenu à Berlin, le 21 janvier
1879, on estimait à 568 millions de francs la perte qu'a-
vait éprouvée l'industrie du fer en Allemagne pendant la
dernière crise.

à démolir à coups de canons les murailles de la Chine,
pour y écouler leurs cotonnades. Aux siècles derniers,
c'était un duel à mort entre la France et l'Angleterre à
qui aurait le privilège exclusif de vendre en Amérique
et aux Indes. Des milliers d'hommes jeunes et vigoureux ont rougi de leur sang les mers, pendant les
guerres coloniales des XVI⁰, XVII⁰ et XVIII⁰ siècles.

Les capitaux abondent comme les marchandises. Les
financiers ne savent plus où les placer; ils vont alors,
chez les nations heureuses qui lézardent au soleil en
fumant des cigarettes, poser des chemins de fer, ériger
des fabriques et importer la malédiction du travail. Et
cette exportation de capitaux français se termine un
beau matin par des complications diplomatiques : en
Egypte, la France, l'Angleterre et l'Allemagne étaient sur
le point de se prendre aux cheveux pour savoir quels
usuriers seraient payés les premiers ; — par des guerres
du Mexique où l'on envoie des soldats français faire
le métier d'huissiers pour recouvrer de mauvaises
dettes (1).

---

(1) La *Justice* de M. Clémenceau, dans sa partie finan-
cière, disait le 6 avril 1880 : « Nous avons entendu soute-
nir cette opinion, que, à défaut de la Prusse, les milliards
de la guerre de 1870 eussent été *également perdus* pour
la France et ce, sous forme d'emprunt périodiquement
émis pour l'équilibre des budgets étrangers ; telle est également notre opinion. » On estime à cinq milliards la
perte des capitaux anglais dans les emprunts des républiques de l'Amérique du Sud. — Les travailleurs fran-

Ces misères individuelles et sociales, pour grandes
et innombrables qu'elles soient, pour éternelles qu'elles
paraissent, s'évanouiront comme les hyènes et les cha-
cals à l'approche du lion, quand le Prolétariat dira :
« Je le veux. » Mais pour qu'il parvienne à la conscience de sa force, il faut que le Prolétariat foule aux
pieds les préjugés de la morale chrétienne, économique,
libre penseuse; il faut qu'il retourne à ses instincts
naturels, qu'il proclame les *Droits de la paresse*, mille et
mille fois plus nobles et plus sacrés que les pthisiques
Droits de l'homme concoctés par les avocats métaphysiciens de la révolution bourgeoise; qu'il se contraigne à
ne travailler que trois heures par jour, à fainéanter et
bombancer le reste de la journée et de la nuit..

Jusqu'ici ma tâche a été facile, je n'avais qu'à décrire
des maux réels bien connus de nous tous, hélas! Mais
convaincre le Prolétariat que la morale qu'on lui a
inoculée est perverse, que le travail effréné auquel il
s'est livré dès le commencement du siècle est le plus
terrible fléau qui jamais ait frappé l'humanité, que le
travail ne deviendra un condiment des plaisirs de la
paresse, un exercice bienfaisant à l'organisme humain,

çais ont non seulement produit les cinq milliards payés
à M. Bismarck; mais ils continuent à servir les intérêts
de l'indemnité de guerre aux Ollivier, aux Girardin, aux
Bazaine et autres porteurs de titres de rente qui ont
amené la guerre et la déroute. Cependant, il leur reste une
fiche de consolation : ces milliards n'occasionneront pas
de guerre de recouvrement.

une passion utile à l'organisme social que lorsqu'il sera
sagement réglementé et limité à un maximum de trois
heures par jour, est une tâche ardue et au-dessus de
mes forces; seuls des physiologistes, des hygiénistes,
des économistes communistes pourraient l'entreprendre. Dans les pages qui vont suivre, je me bornerai à
démontrer qu'étant donnés les moyens de production
modernes et leur puissance reproductive illimitée, il
faut mater la passion extravagante des ouvriers pour
le travail et les obliger à consommer les marchandises
qu'ils produisent.

III

Ce qui suit la Sur-production.

Un poète grec du temps de Cicéron, Antiparos,
chantait ainsi l'invention du moulin à eau (pour la
mouture du grain) il allait émanciper les femmes
esclaves et ramener l'âge d'or : « Épargnez le bras
qui fait tourner la meule, ô meunières, et dormez pai-
siblement! Que le coq vous avertisse en vain qu'il fait
jour! Dao a imposé aux nymphes le travail des esclaves
et les voilà qui sautillent allègrement sur la roue et
voilà que l'essieu ébranlé roule avec ses raies, faisant
tourner la pesante pierre roulante. Vivons de la vie de
nos pères et oisifs réjouissons-nous des dons que la
déesse accorde. » — Hélas! les loisirs que le poète

païen annonçait ne sont pas venus; la passion aveugle, perverse et homicide du travail transforme la machine libératrice en instrument d'asservissement des hommes libres : sa productivité les appauvrit.

Une bonne ouvrière ne fait avec le fuseau que cinq mailles à la minute, certains métiers circulaires à tricoter en font trente mille dans le même temps. Chaque minute de la machine équivaut donc à cent heures de travail de l'ouvrière; ou bien chaque minute de travail de la machine délivre à l'ouvrière dix jours de repos. Ce qui est vrai pour l'industrie du tricotage est plus cu moins vrai pour toutes les industries renouvelées par la mécanique moderne. — Mais que voyons-nous? A mesure que la machine se perfectionne et abat le travail de l'homme avec une rapidité et une précision sans cesse croissantes, l'ouvrier, au lieu de prolonger son repos d'autant, redouble d'ardeur, comme s'il voulait rivaliser avec la machine. Oh! concurrence absurde et meurtière!

Pour que la concurrence de l'homme et de la machine prît libre carrière, les prolétaires ont aboli les sages lois qui limitaient le travail des artisans des antiques corporations; ils ont supprimé les jours fériés (1). Parce que les producteurs d'alors ne tra-

---

(1) Sous l'ancien régime, les lois de l'Église garantissaient au travailleur 90 jours de repos (52 dimanches et 38 jours fériés) pendant lesquels il était strictement défendu de travailler. C'était le grand crime du catholi-

vaillaient que cinq jours sur sept, croient-ils donc,
ainsi que le racontent les économistes menteurs, qu'ils
ne vivaient que d'air et d'eau fraîche? — Allons donc !
— Ils avaient des loisirs pour goûter les joies de la terre,
pour faire l'amour et rigoler; pour banqueter joyeu-
sement en l'honneur du réjouissant dieu de la Fainéantise. La morose Angleterre, encagottée dans le protestantisme, se nommait alors la « joyeuse Angleterre »

---

cisme, la cause principale de l'irréligion de la bourgeoisie
industrielle et commerçante. Sous la Révolution, dès
qu'elle fut maîtresse, elle abolit les jours fériés, et rem-
plaça la semaine de sept jours par celle de dix; afin que
le peuple n'eût plus qu'un jour de repos sur dix. Elle
affranchit les ouvriers du joug de l'Église pour mieux les
soumettre au joug du Travail.

La haine contre les jours fériés n'apparaît que lorsque
la moderne bourgeoisie industrielle et commerçante
prend corps, entre les xve et xvie siècles. Henri IV demanda leur réduction au pape; il refusa parce que « une
des hérésies qui courent le jourd'hui, est touchant les
fêtes » (*Lettres de Cardinal d'Ossat*). Mais, en 1666,
Péréfixe, archevêque de Paris, en supprima 17 dans son
diocèse. Le protestantisme, qui était la religion chrétienne, accommodée aux nouveaux besoins industriels et
commerciaux de la bourgeoisie, fut moins soucieux du
repos populaire; il détrôna au ciel les saints pour abolir
sur terre leurs fêtes.

La réforme religieuse et la libre pensée philosophique
n'étaient que des prétextes qui permirent à la bourgeoisie
jésuite et rapace d'escamoter les jours de fête du populaire.

(*Merry England*). — Rabelais, Quevedo, Cervantès, les auteurs inconnus des romans picaresques, nous font venir l'eau à la bouche avec leurs peintures de ces monumentales ripailles (1) dont on se régalait alors entre deux batailles et deux dévastations, et dans lesquelles tout « allait par escuelles ». — Jordaens et l'école flamande les ont écrites sur leurs toiles réjouissantes. Sublimes estomacs gargantuesques, qu'êtes-vous devenus? Sublimes cerveaux qui encercliez toute la pensée humaine, qu'êtes-vous devenus? — Nous sommes bien amoindris et bien dégénérés. La vache enragée, la pomme de terre, le vin fuchsiné et le schnaps prussien savamment combinés avec le travail forcé ont

---

(1) Ces fêtes pantagruéliques duraient des semaines. Don Rodrigo de Lara gagne sa fiancée en expulsant les Maures de Calatrava la vieille, et le *Romancero* narre que :

> *Les bodas fueron en Burgos,*
> *Las tornabodas en Salas :*
> *En bodas y tornabodas*
> *Pasaron siete semanas.*
> *Tantas vienen de las gentes.*
> *Que no caben por las plazas...*

(Les noces furent à Burgos, les retours de noces à Salas; en noces et retours de noces, sept semaine passèrent; tant de gens accourrent que les places ne peuvent les contenir...)

Les hommes de ces noces de sept semaines étaient les héroïques soldats des guerres de l'indépendance.

débilité nos corps et rapetissé nos esprits. Et c'est alors
que l'homme rétrécit son estomac et que la machine élar-
git sa productivité, c'est alors que les économistes nous
prêchent la théorie malthusienne, la religion de l'abstinence et le dogme du travail? Mais il faudrait leur
arracher la langue et la jeter aux chiens.

Parce que la classe ouvrière avec sa bonne foi sim-
pliste s'est laissée endoctriner, parce que, avec son im-
pétuosité native, elle s'est précipitée à l'aveugle dans
le travail et l'abstinence, la classe capitaliste s'est trou-
vée condamnée à la paresse et à la jouissance forcées,
à l'improductivité et à la sur-consommation. Mais, si le
sur-travail de l'ouvrier meurtrit sa chair et tenaille ses
nerfs, il est aussi fécond en douleurs pour le bourgeois.

L'abstinence à laquelle se condamne la classe productive oblige les bourgeois à se consacrer à la sur-consommation des produits qu'elle manufacture désordon-
nément. Au début de la production capitaliste, il y a
un ou deux siècles de cela, le bourgeois était un homme
rangé, de mœurs raisonnables et paisibles ; il se con-
tentait de sa femme ou à peu près ; il ne buvait qu'à sa
soif et ne mangeait qu'à sa faim. Il laissait aux courti-
sans et aux courtisanes les nobles vertus de la vie dé-
bauchée. Aujourd'hui il n'est fils de parvenu qui ne se
croit tenu de développer la prostitution et de mercuria-
liser son corps pour donner un but aux labeurs que
s'imposent les ouvriers des mines de mercure ; il n'est
bourgeois qui ne s'empiffre de chapons truffés et de Laf-
fite navigué, pour encourager les éleveurs de la Flèche
et les vignerons du Bordelais. A ce métier, l'organisme

se délabre rapidement, les cheveux tombent, les dents
se déchaussent, le tronc se déforme, le ventre s'entri-
paille, la respiration s'embarasse, les mouvements s'a-
lourdissent, les articulations s'enkylosent, les pha-
langes se nouent. D'autres, trop malingres pour supporter les fatigues de la débauche, mais dotés de la bosse
du prudhomisme, dessèchent leur cervelle comme les
Garnier de l'Economie politique, les Acollas de la philosophie juridique, à élucubrer de gros livres sopori-
fiques pour occuper les loisirs des compositeurs et des
imprimeurs.

Les femmes du monde vivent une vie de martyr.
Pour essayer et faire valoir les toilettes féeriques que
les couturières se tuent à bâtir, du soir au matin elles
font la navette d'une robe dans une autre ; pendant des
heures, elles livrent leur tête creuse aux artistes capil-
laires qui, à tout prix, veulent assouvir leur passion
pour l'échaffaudage des faux chignons. Sanglées dans
leurs corsets, à l'étroit dans leurs bottines, décolletées à
faire rougir un sapeur, elles tournoient des nuits entières dans leurs bals de charité afin de ramasser quelques sous pour le pauvre monde. Saintes âmes !

Pour remplir sa double fonction sociale de non-pro-
ducteur et de sur-consommateur, le bourgeois dut non-
seulement violenter ses goûts modestes, perdre ses habitudes laborieuses d'il y a deux siècles et se livrer au
luxe effréné, aux indigestions truffées et aux débauchés
syphilitiques, mais encore soustraire au travail pro-
ductif une masse énorme d'hommes enfin de se procurer des aides.

Voici quelques chiffres qui prouvent combien colossale est cette déperdition de forces productives. D'après le recensement de 1861, la population de l'Angleterre et du pays de Galles comprenait 20,066,244 personnes, dont 9,776,259 du sexe masculin et 10,289,965 du sexe féminin. Si l'on déduit ce qui est trop vieux ou trop jeune pour travailler, les femmes, les adolescents et les enfants improductifs, puis les professions *idéologiques* telles que gouvernants, police, clergé, magistrature, armée, prostitution, arts, sciences, etc., ensuite les gens exclusivement occupés à manger le travail d'autrui, sous forme de rente foncière, d'intérêt, de dividendes, etc..., il reste en gros, huit millions d'individus des deux sexes et de tout âge, y compris les capitalistes fonctionnant dans la production, le commerce, la finance, etc... Sur ces huit millions, on compte :

Travailleurs agricoles (y compris les bergers, les valets et les filles de ferme habitant chez le fermier) 1.098.261

Ouvriers des fabriques de coton, de laine, de chanvre, de lin, de soie, de tricotage . . 642.607

Ouvriers des mines de charbon et de métal. 565.835

Ouvriers métallurgiques (hauts fourneaux, laminoirs, etc.) 396.998

Classe domestique 1.208.648

« Si nous additionnons les travailleurs des fabriques textiles et ceux des mines de charbon et de métal, nous obtenons le chiffre de 1,208,442; si nous additionnons les premiers et ceux des usines métallurgiques, nous avons un total de 1,039,605 personnes; c'est-à-dire chaque fois un nombre plus petit que celui des esclaves domestiques modernes. Voilà le magnifique résultat de l'exploitation capitaliste des machines (1). ». A toute cette classe domestique, dont la grandeur indique le degré atteint par la civilisation capitaliste, il faut ajouter la classe nombreuse des malheureux voués exclusivement à la satisfaction des goûts dispendieux et futiles des classes riches : tailleurs de diamants, dentellières, brodeuses, relieurs de luxe, couturières de luxe, décorateurs de maisons de plaisance, etc... (2).

Une fois accroupie dans la paresse absolue et démoralisée par la jouissance forcée, la bourgeoisie, malgré le mal qu'elle en eut, s'accommoda de son nouveau genre de vie. Avec horreur elle envisagea tout changement. La vue des misérables conditions d'existence acceptées avec résignation par la classe ouvrière et celle de la dégradation organique engendrée par la passion

---

(1) Karl Marx, *Le Capital*.

(2) « La proportion suivant laquelle la population d'un pays est employée comme domestique, au service des classes aisées, indique son progrès en richesse nationale et en civilisation. » (*R. M. Martin, Ireland before and after the Union*, (1848.) Gambetta, qui niait la question sociale, depuis qu'il n'était plus l'avocat nécessiteux du Café Procope, voulait sans doute parler de cette classe domestique sans cesse grandissante quand il réclamait l'avènement des nouvelles couches sociales.

dépravée du travail augmentaient encore sa répulsion pour toute imposition de travail et pour toute restriction de jouissances.

C'est précisément alors que, sans tenir compte de la démoralisation que la bourgeoisie s'était imposée comme un devoir social, les prolétaires se mirent en tête d'infliger le travail aux capitalistes. Les naïfs, ils prirent au sérieux les théories des économistes et des moralistes sur le travail et se sanglèrent les reins pour en infliger la pratique aux capitalistes. Le Prolétariat arbora la devise : *Qui ne travaille pas, ne mange pas ;* Lyon, en 1831, se leva pour du *plomb ou du travail ;* les fédérés de Mars 1871 déclarèrent leur soulèvement la *Révolution du travail.*

A ces déchaînements de fureur barbare, destructive de toute jouissance et de toute paresse bourgeoises, les capitalistes ne pouvaient répondre que par la répression féroce ; mais ils savent que s'ils ont pu comprimer ces explosions révolutionnaires, ils n'ont pas noyé dans le sang de leurs massacres gigantesques l'absurde idée du prolétariat de vouloir infliger le travail aux classes oisives et repues, et c'est pour détourner ce malheur qu'ils s'entourent de prétoriens, de policiers, de magistrats, de geôliers entretenus dans une improductivité laborieuse. On ne peut plus conserver d'illusion sur le caractère des armées modernes, elles ne sont maintenues en permanence que pour comprimer « l'ennemi intérieur » ; c'est ainsi que les forts de Paris et de Lyon n'ont pas été construits pour défendre la ville contre l'étranger, mais pour l'écraser en cas de révolte. Et s'il

fallait un exemple sans réplique, citons l'armée de la
Belgique, de ce pays de Cocagne du Capitalisme; sa
neutralité est garantie par les puissances européennes
et cependant son armée est une des plus fortes propor-
tionnellement à la population. Les glorieux champs
de bataille de la brave armée belge sont les plaines du
Borinage et de Charleroi; c'est dans le sang des mineurs
et des ouvriers désarmés que les officiers belges trem-
pent leurs épées et ramassent leurs épaulettes. Les nations européennes n'ont pas des armées nationales,
mais des armées mercenaires, elles protègent les capitalistes contre la fureur populaire qui voudrait les condamner à dix heures de mines ou de filature.

Donc en se serrant le ventre, la classe ouvrière a dé-
veloppé outre mesure le ventre de la bourgeoisie condamnée à la sur-consommation.

Pour être soulagée dans son pénible travail, la bourgeoisie a retiré de la classe ouvrière une masse d'hommes de beaucoup supérieure à celle qui restait consa-
crée à la production utile, et l'a condamnée à son tour
à l'improductivité et à la sur-consommation. Mais ce
troupeau de bouches inutiles, malgré sa voracité insatiable, ne suffit pas à consommer toutes les marchandises que les ouvriers, abrutis par le dogme du travail,
produisent comme des maniaques, sans vouloir les consommer, et sans même songer si l'on trouvera des gens
pour les consommer.

En présence de cette double folie des travailleurs, de
se tuer de sur-travail et de végéter dans l'abstinence, le
grand problème de la production capitaliste n'est plus

de trouver des producteurs et de décupler leurs forces,
mais de découvrir des consommateurs, d'exciter leurs
appétits et de leur créer des besoins factices. Puisque les
ouvriers européens, grelottants de froid et de faim, refusent de porter les étoffes qu'ils tissent, de boire les vins
qu'ils récoltent, les pauvres fabricants, ainsi que des
dératés, doivent courir aux antipodes chercher qui les
portera et qui les boira : ce sont des centaines de millions et des milliards que l'Europe exporte tous les ans
aux quatre coins du monde, à des peuplades qui n'en
ont que faire (1). Mais les continents explorés ne sont
plus assez vastes, il faut des pays vierges. Les fabricants de l'Europe rêvent nuit et jour de l'Afrique, du
lac saharien, du chemin de fer du Soudan ; avec
anxiété, ils suivent les progrès des Livingstone, des
Stanley, des du Chaillu, des de Brazza ; bouche béante,
ils écoutent les histoires mirobolantes de ces courageux
voyageurs. Que de merveilles inconnues renferme le
« Continent noir ! » Des champs sont plantés de dents

---

(1) Deux exemples : le gouvernement anglais, pour
complaire aux paysans indiens, qui malgré les famines
périodiques désolant le pays, s'entêtent à cultiver le pavot
au lieu du riz ou du blé, a dû entreprendre des guerres
sanglantes, afin d'imposer au Gouvernement chinois la
libre introduction de l'opium indien. Les sauvages de la
Polynésie, malgré la mortalité qui en fut la conséquence,
durent se vêtir et se saoûler à l'anglaise, pour consommer
les produits des distilleries de l'Ecosse et des ateliers de
tissage de Manchester.

d'éléphants, des fleuves d'huiles de coco charrient des paillettes d'or, des millions de culs noirs, nus comme la face de Dufaure ou de Girardin, attendent des cotonnades pour apprendre la décence, des bouteilles de schnaps et des bibles pour connaître les vertus de la civilisation.

Mais tout est impuissant : bourgeois qui s'empiffrent, classe domestique qui dépasse la classe productive, nations étrangères et barbares que l'on engorge de marchandises européennes ; rien, rien ne peut arriver à écouler les montagnes de produits qui s'entassent plus hautes et plus énormes que les pyramides d'Égypte ; la productivité des ouvriers européens défie toute consommation, tout gaspillage. Les fabricants, affolés, ne savent plus où donner de la tête ; ils ne peuvent plus trouver la matière première pour satisfaire la passion désordonnée, dépravée, de leurs ouvriers pour le travail. Dans nos départements lainiers, on effiloche les chiffons souillés et à demi pourris, on en fait des draps dits de *renaissance*, qui durent ce que durent les promesses électorales ; à Lyon, au lieu de laisser à la fibre soyeuse sa simplicité et sa souplesse naturelle, on la surcharge de sels minéraux qui, en lui ajoutant du poids, la rendent friable et de peu d'usage. Tous nos produits sont adultérés pour en faciliter l'écoulement et en abréger l'existence. Notre époque sera appelée *l'âge de la falsification*, comme les premières époques de l'humanité ont reçu les noms *d'âge de pierre, d'âge de bronze*, du caractère de leur production. Des ignorants accusent de fraude nos pieux industriels, tandis qu'en réalité la pensée qui les anime est de fournir du travail aux ouvriers, qui ne peuvent se résigner à vivre les bras croisés. Ces falsifications, qui pour unique mobile ont un sentiment humanitaire, mais qui rapportent de superbes profits aux fabricants qui les pratiquent, si elles sont désastreuses pour la qualité des marchandises, si elles sont une source intarissable de gaspillage du travail humain, prouvent la philanthropique ingéniosité des bourgeois et l'horrible perversion des ouvriers qui, pour assouvir leur vice de travail, obligent les industriels à étouffer les cris de leur conscience et à violer même les lois de l'honnêteté commercial.

Et cependant, en dépit de la sur-production de marchandises, en dépit des falsifications industrielles, les ouvriers encombrent le marché innombrablement, implorant : du travail ! du travail ! — Leur surabondance devrait les obliger à réfréner leur passion ; au contraire, elle la porte au paroxysme. Qu'une chance de travail se présente, ils se ruent dessus ; alors c'est douze, quatorze heures qu'ils réclament pour en avoir leur saoûl, et le lendemain les voilà de nouveau rejetés sur le pavé, sans plus rien pour alimenter leur vice. Tous les ans, dans toutes les industrie, des chômages reviennent avec la régularité des saisons. Au sur-travail meurtrier pour l'organisme, succède le repos absolu, pendant des deux et quatre mois ; et plus de travail, plus de pitance. Puisque le vice du travail est diaboliquement chevillé dans le cœur des ouvriers ; puisque ses exigences étouffent tous les autres instincts de la nature ; puisque la quantité de travail requise par la société est forcément limitée

par la consommation et par l'abondance de la matière
première, pourquoi dévorer en six mois le travail de
toute l'année? — Pourquoi ne pas le distribuer unifor-
mément sur les douze mois et forcer tout ouvrier à se
contenter de six ou de cinq heures par jour, pendant
l'année, au lieu de prendre des indigestions de douze
heures pendant six mois? — Assurés de leur part quotidienne de travail, les ouvriers ne se jalouseront plus,
ne se battront plus pour s'arracher le travail des mains
et le pain de la bouche; alors, non épuisés de corps et
d'esprit, ils commenceront à pratiquer les vertus de la
Paresse.

Abêtis par leur vice, les ouvriers n'ont pu s'élever à
l'intelligence de ce fait, que, pour avoir du travail pour
tous, il fallait le rationner comme l'eau sur un navire en
détresse. Cependant des industriels, au nom de l'exploitation capitaliste, ont depuis longtemps demandé une
limitation légale de la journée de travail. Devant la
commission de 1860 sur l'enseignement professionnel,
un des plus grands manufacturiers de l'Alsace, M. Bour-
cart, de Guebwiller, déclarait : « Que la journée de
douze heures était excessive et devait être ramenée à
onze, que l'on devait suspendre le travail à deux heures
le samedi. Je puis conseiller l'adoption de cette mesure
quoiqu'elle paraisse onéreuse à première vue; nous
l'avons expérimentée dans nos établissements industriels depuis quatre ans et nous nous en trouvons bien,
et la production moyenne, loin d'avoir diminué, a augmenté. » Dans son étude sur *les machines*, M. F. Passy
cite la lettre suivante d'un grand industriel belge,

M. Ottevaere : « Nos machines, quoique les mêmes que
celles des filatures anglaises, ne produisent pas ce
qu'elles devraient produire et ce que produiraient ces
mêmes machines en Angleterre, quoique les filatures
travaillent deux heures de moins par jour... Nous travaillons tous *deux grandes heures de trop* : j'ai la convic-
tion que si l'on ne travaillait que onze heures au lieu de
treize, nons aurions la même production et produirions
par conséquent plus économiquement. » D'un autre côté,
M. Leroy-Beaulieu affirme que « c'est une observation
d'un grand manufacturier belge que les semaines où
tombe un jour férié n'apportent pas une production
inférieure à celle des semaines ordinaires (1). »

Ce que le peuple, pipé en sa simplesse par les moralistes, n'a jamais osé, un gouvernement aristocratique
l'a osé. Méprisant les hautes considérations morales et
industrielles des économistes, qui, comme des oiseaux
de mauvaise augure, croassaient, que diminuer d'une
heure le travail des fabriques c'était décréter la ruine
de l'industrie anglaise, le gouvernement de l'Angleterre
a défendu par une loi, strictement observée, de travailler
plus de dix heures par jour ; et, après comme avant,
l'Angleterre demeure la première nation industrielle
du monde.

La grande expérience anglaise est là, l'expérience
de quelques capitalistes intelligents est là : elles dé-

---

(1) PAUL LEROY-BEAULIEU. *La question ouvrière au*
XIXᵉ *siècle*, 1872.

montrent irréfutablement que, pour puissancier la productivité humaine, il faut réduire les heures de travail
et multiplier les jours de paye et de fêtes, et le peuple
français n'est pas convaincu. — Mais si une misérable
réduction de deux heures a augmenté en dix ans de près
d'un tiers la production anglaise (1), quelle marche
vertigineuse imprimera à la production française une
réduction légale de la journée de travail à trois heures?
Les ouvriers ne peuvent-ils donc comprendre qu'en se
surmenant de travail, ils épuisent leurs forces et celles
de leur progéniture ; que, usés, ils arrivent avant l'âge
à être incapables de tout travail ; qu'absorbés, abrutis
par un seul vice, ils ne sont plus des hommes, mais des
tronçons d'hommes ; qu'ils tuent en eux toutes les belles
facultés pour ne laisser debout, et luxuriante que la folie
furibonde du travail?

Ah ! comme des perroquets d'Arcadie ils répètent
la leçon des économistes : « Travaillons, travaillons
pour accroître la richesse nationale. » O idiots ! c'est
parce que vous travaillez trop que l'outillage industriel
se développe lentement. Cessez de braire et écoutez

----

(1) Voici d'après le célèbre statisticien R. Giffen, du
Bureau de statistique de Londres, la progression croissante
de la richesse nationale de l'Angleterre et de l'Irlande ; en

1814 — elle était de 55   milliards de francs.
1865 —   —   . . . . . . 162 1/2   —   —
1875 —   —   . . . . . . 212 1/2 · —   —

un économiste ; il n'est pas un aigle, ce n'est que M. L. Reybaud, que nous avons eu le bonheur de perdre il y a quelque mois : « C'est en général sur les conditions de la main-d'œuvre que se règle la révolution dans les méthodes du travail. Tant que la main-d'œuvre fournit ses services à bas prix, on la prodigue, on cherche à l'épargner quand ses services deviennent plus coûteux (1). » Pour forcer les capitalistes à perfectionner leurs machines de bois et de fer, il faut hausser les salaires et diminuer les heures de travail des machines de chair et d'os. Les preuves à l'appui ? c'est par centaines qu'on peut les fournir. Dans la filature, le métier renvideur (*self acting mule*) fut inventé et appliqué à Manchester, parce que les fileurs se refusaient à travailler aussi longtemps qu'auparavant.

En Amérique, la machine envahit toutes les branches de la production agricole, depuis la fabrication du beurre jusqu'au sarclage des blés : pourquoi ? Parce que l'Américain, libre et paresseux, aimerait mieux mille morts que la vie bovine du paysan français. Le labourage si pénible en notre glorieuse France, si riche en courbatures, est, dans l'Ouest américain, un agréable passetemps au grand air que l'on prend assis, en fumant nonchalamment sa pipe.

---

(1) Louis Reybaud. — Le coton, son régime, ses problèmes. (1863).

IV

A nouvel Air, Chansons nouvelles.

Si, en diminuant les heures de travail, on conquiert
à la production sociale de nouvelles forces mécaniques,
en obligeant les ouvriers à consommer leurs produits,
on conquerra une immense armée de forces travail.
La bourgeoisie, déchargée alors de sa tâche de consom-
mateur universel, s'empressera de licencier la cohue de
soldats, de magistrats, de figaristes, de proxénètes, etc.,
qu'elle a retiré du travail utile pour l'aider à consommer et à gaspiller. — C'est alors que le marché du travail
sera débordant : c'est alors qu'il faudra une loi de fer
pour mettre l'interdit sur le travail : il sera impossible
de trouver de la besogne pour cette nuée de ci-devant
improductifs, plus nombreux que les poux des bois.
Et après eux il faudra songer à tous ceux qui pour-
voyaient à leurs besoins et goûts futiles et dispendieux.
Quand il n'y aura plus de laquais et de généraux
à galonner, plus de prostituées libres et mariées à couvrir de dentelles, plus de canons à forer, plus de palais
à bâtir, il faudra par des lois sévères imposer aux ouvrières et ouvriers en passementeries, en dentelles, en
fer, en bâtiments, du canotage hygiénique et des exercices chorégraphiques pour le rétablissement de leur
santé et le perfectionnement de la race. Du moment
que les produits européens consommés sur place ne

seront plus transportés au diable, il faudra bien que les marins, les hommes d'équipe, les camionneurs s'asseoient et apprennent à tourner les pouces. Les bienheureux Polynésiens pourront alors se livrer à l'amour libre sans craindre les coups de pied de la Vénus civilisée et les sermons de la morale européenne.

Il y a plus. Afin de trouver du travail pour toutes les non-valeurs de la société actuelle, afin de laisser l'outillage industriel se développer indéfiniment, la classe ouvrière devra, comme la bourgeoisie, violenter ses goûts abstinents, et développer indéfiniment ses capacités consommatrices. Au lieu de manger par jour une ou deux onces de viande coriace, quand elle er. mange, elle mangera de juteux beefsteaks de une ou deux livres; au lieu de boire modérément du mauvais vin, plus catholique que le pape, elle boira à grandes et profondes rasades du bordeaux, du bourgogne sans baptême industriel et laissera l'eau aux bêtes.

Les prolétaires ont arrêté en leur tête d'infliger aux capitalistes des dix heures de forge et de raffinerie; là est la grande faute, la cause des antagonismes sociaux et des guerres civiles. Défendre et non imposer le travail il faudra. Les Rothschild, les Say, seront admis à faire la preuve d'avoir été, leur vie durant, de parfaits vauriens; et s'ils jurent vouloir continuer à vivre en parfaits vauriens malgré l'entraînement général pour le travail, ils seront mis en carte et à leurs mairies respectives ils recevront tous les matins une pièce de vingt francs pour leurs menus plaisirs. Les discordes sociales s'évanouiront. Les rentiers, les capitalistes,

tous les premiers, se rallieront au parti populaire, une
fois convaincus que loin de leur vouloir du mal, on
veut au contraire les débarasser du travail de sur-consommation et de gaspillage dont ils ont été accablés
dès leur naissance. Quant aux bourgeois incapables de
prouver leurs titres de vauriens, on les laissera suivre
leurs instincts : il existe suffisamment de métiers dégoûtants pour les caser — Dufaure nettoierait les latrines
publiques, Galiffet chourinerait les cochons galeux et
les chevaux farcineux; les membres de la commission
des grâces, envoyés à Poissy, marqueraient les bœufs
et les moutons à abattre; les sénateurs attachés aux
pompes funèbres joueraient-les croque-morts. Pour
d'autres, ou trouverait des métiers à portée de leur
intelligence. Lorgeril, Broglie boucheraient les bouteilles de champagne, mais on les muselerait pour les
empêcher de s'enivrer; Ferry, Freycinet, Tirard, dé-
truiraient les punaises et les vermines des ministères
et autres auberges publiques; il faudra cependant mettre les deniers publics hors de la portée des bourgeois
de peur des habitudes acquises.

Mais dure et longue vengeance on tirera des moralistes qui ont perverti l'humaine nature, des cagots,
des cafards, des hypocrites « et aultres telles sectes de
gens qui se sont déguisés pour tromper le monde. Car
dounant entendre au populaire commun qu'ils ne sont
occupés sinon à contemplation et dévotion, en jeusnes
et mascération de la sensualité, sinon vrayement pour
sustenter et alimenter la petite fragilité de leur humanité : au contraire font chière, Dieu sçait qu'elle !, et

Curios simulant sed Bacchanalia vivunt (1). Vous le pouvez lire en grosse lettre et enlumineure de leurs rouges muzeaulx et ventres à poulaine, sinon quand il se parfument de souphlre (2). » Aux jours de grandes réjouissances populaires, où, au lieu d'avaler de la poussière comme aux 15 août et aux 14 juillet du bourgeoisisme, les communistes et les collectivistes feront aller les flacons, trotter les jambons et voler les gobelets, les membres de l'Académie des sciences morales et politiques, les prêtres à longue et courte robe de l'église économique, catholique, protestante, juive, positiviste et libre penseuse, les propagateurs du melthusianisme et de la morale chrétienne, altruiste, indépendante ou soumise, vêtus de jaune, tiendront la chandelle à s'en brûler les doigts et vivront en famine auprès des femmes galloises et des tables chargées de viandes, de fruits et de fleurs, et mourront de soif auprès des tonneaux débondés. Quatre fois l'an, au changement des saisons, ainsi que les chiens des rémouleurs, on les enfermera dans de grandes roues et pendant dix heures on les condamnera à moudre du vent. Les avocats et les légistes subiront la même peine.

En régime de paresse, pour tuer le temps qui nous tue seconde par seconde, il y aura des spectacles et des représentations théâtrales toujours et toujours; c'est

----

(1) Ils simulent des Curius et vivent comme aux Bacchanales (*Juvénal*),

(2) *Pantagruel*. Livre ii, chapitre LXXIV.

de l'ouvrage tout trouvé pour nos bourgeois législateurs.
On les organisera par bandes courant les foires et les
villages, donnant des représentations législatives. Les
généraux en bottes à l'écuyère, la poitrine chamarée
d'aiguillettes, de crachats, de croix de la Légion d'honneur, iront par les rues et places, racolant les bonnes
gens. Gambetta et Cassagnac, son compère, feront le
boniment de la porte. Cassagnac, en grand costume de
matamore, roulant des yeux, tordant la moustache,
crachant de l'étoupe enflammée, menacera tout le monde
du pistolet de son père et s'abîmera dans un trou dès
qu'on lui montrera le portrait de Lullier; Gambetta
discourra sur la politique étrangère, sur la petite Grèce,
qui l'endoctorise et mettrait l'Europe en feu pour filou-
ter la Turquie; sur la grande Russie, qui le stultifie
avec la compote qu'elle promet de faire de la Prusse et
qui souhaite à l'ouest de l'Europe plaies et bosses pour
faire sa pelotte à l'est et étrangler le nihilisme à l'intérieur; sur M. de Bismarck, qui a été assez bon pour lui
permettre de se prononcer sur l'amnistie... puis, dénu-
dant sa large bedaine peinte aux trois couleurs, il bat-
tra dessus le rappel et énumérera les délicieuses petites
bêtes, les ortolans, les truffes, les verres de Margaux et
d'Yquem qu'il y a engloutonnés pour encourager l'a-
griculture et tenir en liesse les électeurs de Belleville.

Dans la baraque, on débutera par la *Farce électorale*.

Devant les électeurs à tête de bois et à oreilles d'ânes,
les candidats bourgeois, vêtus en paillasses, danseront
la danse des libertés politiques, se torchant la face et
la post-face avec leurs programmes électoraux aux mul-

tiples promesses, et parlant avec des larmes dans les
yeux des misères du peuple et avec du cuivre dans la
voix des gloires de la France ; et les têtes des électeurs
de braire en chœur et solidement : hi han! hi han!

Puis commencera la grande pièce : *Le Vol des biens
de la Nation.*

La France capitaliste, énorme femelle, velue de la
face et chauve du crâne, avachie, aux chairs flasques,
bouffies, blafardes, aux yeux éteints, ensommeillée et
bâillant, s'allonge sur un canapé de velours; à ses pieds,
le Capitalisme industriel, gigantesque organisme de
fer, à masque simiesque, dévore mécaniquement des
hommes, des femmes, des enfants, dont les cris lugubres et déchirants emplissent l'air; la Banque à mu-
seau de fouine, à corps de hyène et mains de harpies,
lui dérobe prestement les pièces de cent sous de la po-
che. Des hordes de misérables prolétaires décharnés,
en haillons, escortés de gendarmes, le sabre au clair,
chassés par des furies, les cinglant avec les fouets de
la faim, apportent aux pieds de la France capitaliste
des monceaux de marchandises, des barriques de vin,
des sacs d'or et de blé. Langlois, sa culotte d'une main,
le testament de Proudhon de l'autre, le livre du budget
entre les dents, se campe à la tête des défenseurs des
biens de la nation et monte la garde. Les fardeaux dé-
posés, à coups de crosse et de baïonnettes, ils font chas-
ser les ouvriers et ouvrent la porte aux industriels, aux
commerçants et aux banquiers. Pêle-mêle, ils se précipitent sur le tas, avalant des cotonnades, des sacs de
blé, des lingots d'or, vidant des barriques; n'en pou-

vant plus, sales, dégoûtants, ils s'affaissent dans leurs ordures et leurs vomissements... Alors le tonnerre éclate, la terre s'ébranle et s'entr'ouvre, la Fatalité historique surgit ; de son pied de fer, elle écrase les têtes de ceux qui hoquettent, titubent, tombent et ne peuvent fuir, et de sa large main elle renverse la France capitaliste, ahurie et suante de peur.

*

Si, déracinant de son cœur le vice qui la domine et avilit sa nature, la classe ouvrière se levait dans sa force terrible, non pour réclamer les *Droits de l'homme*, qui ne sont que les droits de l'exploitation capitaliste, non pour réclamer le *Droit au travail* qui n'est que le droit à la misère, mais pour forger une loi d'airain, défendant à tout homme de travailler plus de trois heures par jour, la Terre, la vieille Terre, frémissant d'allégresse, sentirait bondir en elle un nouvel univers... Mais comment demander à un prolétarit corrompu par la morale capitaliste une résolution virile...

Comme Christ, la dolente personnification de l'esclavage antique, les hommes, les femmes, les enfants du Prolétariat gravissent péniblement depuis un siècle le dur calvaire de la douleur : depuis un siècle, le travail forcé brise leurs os, meurtrit leurs chairs, tenaille leurs nerfs ; depuis un siècle, la faim tord leurs entrailles et hallucine leurs cerveaux !.. ô Paresse, prends pitié de notre longue misère ! ô Paresse, mère des arts et des nobles vertus, sois le baume des angoisses humaines !

APPENDICE

Nos moralistes sont gens bien modestes; s'ils ont inventé le dogme du Travail, ils doutent de son efficacité pour tranquilliser l'âme, réjouir l'esprit et entretenir le bon fonctionnement des reins et des autres organes; ils veulent en expérimenter l'usage sur le populaire, *in animâ vili*, avant de le tourner contre les capitalistes, dont ils ont mission d'excuser et d'autoriser les vices.

Mais, philosophes à quatre sous la douzaine, pourquoi vous battre ainsi la cervelle à élucubrer une morale dont vous n'osez conseiller la pratique à vos maîtres? Votre dogme du Travail, dont vous faites tant les fiers, voulez-vous le voir bafoué, honni? — Ouvrons l'histoire des peuples antiques et les écrits de leurs philosophes et de leurs législateurs.

« Je ne saurais affirmer, dit le père de l'histoire, Hérodote, si les Grecs tiennent des Égyptiens le mépris qu'ils font du travail, parce que je trouve le même mépris établi parmi les Thraces, les Scythes, les Perses, les Lydiens; en un mot parce que chez la plupart des barbares, ceux qui apprennent les arts mécaniques et même leurs enfants sont regardés comme les derniers des citoyens... Tous les Grecs ont été élevés dans ces principes, particulièrement les Lacédémoniens (1). »

______

(1) *Hérodote*. Tome II. Trad. LARCHER, 1786.

« A Athènes, les citoyens étaient de véritables nobles qui ne devaient s'occuper que de la défense et de l'administration de la communauté, commes les guerriers sauvages dont ils tiraient leur origine. Devant donc être libres de tout leur temps pour veiller, par leur force intellectuelle et corporelle, aux intérêts de la République, ils chargeaient les esclaves de tout travail. De même à Lacédémone, les femmes mêmes ne devaient ni filer ni tisser pour ne pas déroger à leur noblesse (1). »

Les Romains ne connaissaient que deux métiers nobles et libres, l'agriculture et les armes ; tous les citoyens vivaient de droit aux dépens du Trésor, sans pouvoir être contraints de pourvoir à leur subsistance par aucun des *sordidæ artes* (ils désignaient ainsi les métiers) qui appartenaient de droit aux esclaves. Brutus, l'ancien, pour soulever le peuple, accusa surtout Tarquin, le tyran, d'avoir fait des artisans et des maçons avec des citoyens libres (2).

Les philosophes anciens se disputaient sur l'origine des idées, mais ils tombaient d'accord s'il s'agissait d'abhorrer le travail. « La nature, dit Platon, dans son utopie sociale, dans sa république modèle, la nature n'a fait ni cordonnier, ni forgeron ; de pareilles occupations dégradent les gens qui les exercent, vils merce-

---

(1) Biot. *De l'abolition de l'esclavage ancien en Occident*, 1840.
(2) *Tite-Live*. Liv. I.

naires, misérables sans nom qui sont exclus par leur état même des droits politiques. Quant aux marchands accoutumés à mentir et tromper, on ne les souffrira dans la cité que comme un mal nécessaire. Le citoyen qui se sera avili par le commerce de boutique sera poursuivi pour ce délit. S'il est convaincu, il sera condamné à un an de prison. La punition sera double à chaque récidive (1). »

Dans son *Économique*, Xénophon écrit : « Les gens qui se livrent aux travaux manuels ne sont jamais élevés aux charges et on a bien raison. La plupart, condamnés à être assis tout le jour, quelques-uns même à éprouver un feu continuel ne peuvent manquer d'avoir le corps altéré et il est bien difficile que l'esprit ne s'en ressente. » « Que peut-il sortir d'honorable d'une boutique? professe Cicéron, et qu'est-ce que le commerce peut produire d'honnête? tout ce qui s'appelle boutique est indigne d'un honnête homme... les marchands ne pouvant gagner sans mentir, et quoi de plus honteux que le mensonge! Donc, on doit regarder comme quelque chose de bas et de vil le métier de tous ceux qui vendent leur peine et leur industrie ; car quiconque donne son travail pour de l'argent se vend lui-même et se met au rang des esclaves (2). »

Prolétaires, abrutis par le dogme du travail, enten-

---

(1) PLATON. *République*. Liv. V.
(2) CICÉRON. *Des devoirs*. I. TIT. II. CH. XLII.

dez-vous le langage de ces philosophes, que l'on vous
cache avec un soin jaloux : — Un citoyen qui donne
son travail pour de l'argent se dégrade au rang des
esclaves, il commet un crime, qui mérite des années
de prison.

La tartuferie chrétienne et l'utilitarisme capitaliste
n'avaient pas perverti ces philosophes des républiques
antiques; professant pour des hommes libres, ils parlaient naïvement leur pensée. Platon, Aristote, ces penseurs géants, dont nos Cousin, nos Caro, nos Simon
ne peuvent atteindre la cheville qu'en se haussant sur
la pointe des pieds, voulaient que les citoyens de leurs
Républiques idéales vécussent dans le plus grand loisir,
car, ajoutait Xénophon « le travail emporte tout le
temps et avec lui on n'a nul loisir pour la République
et les amis. » Selon Plutarque, le grand titre de Lycurgue
« le plus sage des hommes » à l'admiration de la pos-
térité, était d'avoir accordé des loisirs aux citoyens de
la République en leur interdisant un métier quelconque (1).

Mais, répondront les Bastiat, Dupanloup, Beaulieu et
Compagnie de la morale chrétienne et capitaliste, ces
penseurs, ces philosophes préconisaient l'esclavage. —
Parfait, mais pouvait-il en être autrement, étant données
les conditions économiques et politiques de leur épo-

---

(1) PLATON: *République*, V, et *les Lois*, VIII. Aristote,
Politique, II et VII. Xénophon, *Économiques*, IV et VI.
Plutarque, *Vie de Lycurgue*.

que? La guerre était l'état normal des sociétés antiques ;
l'homme libre devait consacrer son temps à discuter
les affaires de l'État et à veiller à sa défense ; les métiers étaient alors trop primitifs et trop grossiers pour
que les pratiquant on pût exercer son métier de soldat et de citoyen ; afin de posséder des guerriers et des
citoyens, les philosophes et les législateurs devaient
tolérer les esclaves dans les républiques héroïques. —
Mais les moralistes et les économistes du Capitalisme
ne préconisent-ils pas le salariat, l'esclavage moderne?
Et à quels hommes l'esclavage capitaliste fait-il des
loisirs? — A des Rothschild, à des Schneider, à des
Mme Boucicaut, inutiles et nuisibles, esclaves de leurs
vices et de leurs domestiques.

« Le préjugé de l'esclavage dominait l'esprit de
Pythagore et d'Aristote » a-t-on écrit dédaigneusement ;
et cependant Aristote prévoyait que « si chaque outil
pouvait exécuter sans sommation, ou bien de lui-même,
sa fonction propre, comme les chefs-d'œuvre de Dedale
se mouvaient d'eux-mêmes, ou comme les trépieds de
Vulcain se mettaient spontanément à leur travail sacré ; si par exemple, les navettes des tisserands tissaient
d'elles-mêmes, le chef d'atelier n'aurait plus besoin
d'aides, ni le maître d'esclaves. » Le rêve d'Aritoste
est notre réalité Nos machines au souffle de feu, aux
membres d'acier infatigables, à la fécondité merveil-
leuse, inépuisable, accomplissent docilement d'elles-
mêmes leur travail sacré ; et cependant le génie des
grands philosophes, du Capitalisme, reste dominé par
le préjugé du salariat, le pire des esclavages. Ils ne

comprennent pas encore que la machine est le rédemp-
teur de l'humanité, le Dieu qui rachètera l'homme
des *sordidæ artes* et du travail salarié, le Dieu qui lui
donnera des loisirs et la liberté.

LA RELIGION DU CAPITAL

I

Le Congrès de Londres.

Les progrès du socialisme inquiètent les classes possédantes d'Europe et d'Amérique. Il y a quelques mois, des hommes venus de tous les pays civilisés se réunissaient à Londres, afin de rechercher ensemble les moyens les plus efficaces d'arrêter le dangereux envahissement des idées socialistes. On remarquait parmi les représentants de la Bourgeoisie capitaliste de l'Angleterre, lord Salisbury, Chamberlain, Samuel Morley, lord Randolph Churchill, Herbert Spencer, le cardinal Manning. Le prince Bismarck, retenu par une crise alcoolique, avait envoyé son conseiller intime, le juif Bleichrœder. Les grands industriels et les financiers des deux mondes, Vanderbilt, Rothschild, Gould, Soubeyran, Krupp, Dollfus, Dietz-Monin, Schneider assistaient en personne, ou s'étaient fait remplacer par des hommes de confiance. Jamais on n'avait vu des personnes d'opinions et de nationalités si différentes s'entendre si fraternellement. Paul Bert s'asseyait à côté de Mgr Freppel, Gladstone serrait la main à Parnell, Clémenceau causait avec Ferry, et de Moltke discutait amicalement les chances d'une guerre de revanche avec Déroulède et Reinach.

La cause qui les réunissait, imposait silence à leurs rancunes personnelles, à leurs divisions politiques et à leurs jalousies patriotiques.

Le légat du pape prit la parole le premier.

— On gouverne les hommes en se servant tour à tour de la force brutale et de la force de l'intelligence. La religion était, autrefois, la force magique qui dominait la conscience de l'homme ; elle enseignait au travailleur à se soumettre docilement, à lâcher la proie pour l'ombre, à supporter les misères terrestres en rêvant de jouissances célestes… Mais le socialisme, l'esprit du mal des temps modernes, chasse la foi et s'établit dans le cœur des déshérités ; il leur prêche qu'on ne doit pas reléguer le bonheur à l'autre monde ; il leur annonce qu'il fera de la terre un paradis ; il crie au salarié : « On te vole ! Allons, debout, révolte-toi ! » Il prépare les masses ouvrières, jadis si dociles, pour un soulèvement général qui détraquera les sociétés civilisées, abolissant les classes privilégiées, supprimant la famille, enlevant aux riches leurs biens pour les donner aux pauvres, détruisant l'art et la religion, répandant sur le monde les ténèbres de la barbarie… Comment combattre l'ennemi de toute civilisation et de tout progrès ? Quelles armes à opposer au socialisme ? — Le prince de Bismarck, l'arbitre de l'Europe, le Nabuchodonosor qui a vaincu le Danemark, l'Autriche et la France, est vaincu par des savetiers socialistes. Les conservateurs de France immolèrent en 48 et en 71 plus de socialistes qu'on ne tua d'hérétiques le jour de la Saint-Barthélemy; et le sang de ces tueries gigantesques est une rosée qui fait germer le socialisme sur toute la terre. Après chaque massacre, le socialisme renaît plus vivace. Le monstre est à l'épreuve de la force brutale. Que faire?

Les savants et les philosophes de l'assemblée, Paul Bert, Hœckel, Herbert Spencer se levèrent tour à tour et proposèrent de dompter le socialisme par la science.

Mgr Freppel haussa les épaules.

— Mais votre science maudite fournit aux communistes leurs arguments les mieux trempés.

— Vous ignorez la philosophie naturaliste que nous professons, répliqua H. Spencer. Notre savante théorie de l'évolution prouve que l'infériorité sociale des ouvriers est aussi fatale que la chute des corps, qu'elle est la conséquence nécessaire des lois immuables et immanentes de la nature; nous démontrons aussi que les privilégiés des classes supérieures sont les mieux doués, les mieux adaptés, qu'ils iront se perfectionnant sans cesse et qu'ils finiront par se transformer en une race nouvelle dont les individus ne ressembleront en rien aux brutes à face humaine des classes inférieures que l'on ne peut mener que le fouet à la main (1).

____

(1) Nous regrettons vivement que le manque d'espace

— Plaise à Dieu que jamais vos théories évolution-
nistes ne descendent dans les masses ouvrières ; elles les
enrageraient, les jetteraient dans le désespoir, ce conseiller des révoltes populaires, interrompit M. Schneider.
Votre foi est vraiment par trop aveugle, messieurs les
savants du transformisme, comment pouvez-vous croire
que l'on puisse opposer votre science désillusionnante
aux mirages enchanteurs du socialisme, à la communauté des biens, au libre développement des facultés, que les socialistes font miroiter aux yeux des
ouvriers émerveillés ? Si nous voulons demeurer classe
privilégiée et continuer à vivre aux dépens de ceux qui
travaillent, il faut amuser l'imagination de la bête populaire par des légendes et des contes de l'autre
monde. La religion chrétienne remplissait à merveille
ce rôle ; vous, messieurs de la libre-pensée, vous l'avez
dépouillée de son prestige.

— Vous avez raison d'avouer qu'elle est déconsidé-
rée, répondit brutalement Paul Bert, votre religion perd

____

nous oblige à résumer les remarquables discours pronon-
cés dans ce congrès qui réunissait les sommités de la
science, de la religion, de la philosophie, de la finance,
du commerce et de l'industrie. Nous renvoyons le lecteur
à l'article où M. Spencer préconise la prison cellulaire et
le fouet comme méthode de gouvernement des basses
classes ; il parut dans le *Contemporary Review* du mois
d'avril et portait le titre de *The coming slavery* (l'esclavage qui vient). Le communisme est l'esclavage que nous
prédit le célèbre philosophe bourgeois.

du terrain tous les jours. Et si nous, libre-penseurs, que
vous attaquez inconsidérément, nous ne soutenions
en dessous mains le clergé, tout en ayant l'air de le
combattre pour amuser les badauds, si nous ne votions
tous les ans le budget des cultes, mais Mᵍʳ Freppel, et
tous les curés, pasteurs et rabbins de la sainte boutique,
crèveraient de faim. Qu'on suspende les traitements et la
foi s'éteint... Mais, parce que je suis libre-penseur,
parce que je me moque de Dieu comme du diable, parce
que je ne crois qu'à moi et aux jouissances physiques
et intellectuelles que je prends, c'est pour cela que je
reconnais la nécessité d'une religion, qui, comme vous le
dites, amuse l'imagination de la bête humaine que l'on
tond ; il faut que les ouvriers croient que la misère est
l'or qui achète le ciel et que le Bon Dieu leur accorde
la pauvreté pour leur réserver le royaume des cieux en
héritage. Je suis un homme très religieux... pour les
autres. Mais, sacredieu ! pourquoi nous avoir fabriqué
une religion si bêtement ridicule. Avec la meilleure volonté du monde, je ne puis avouer que je crois qu'un
pigeon coucha avec une vierge, et que de cette union,
réprouvée par la morale et la physiologie, naquit
un agneau qui se métamorphosa en un juif circoncis.

— Votre religion ne s'accorde pas avec les règles de
la grammaire, ajouta Mesnard-Dorian, qui se pique de
purisme. Un Dieu unique en trois personnes est condamné à d'éternels barbarismes, à des *je pensons, je me
mouchons, je me torchons.*

— Messieurs, nous ne sommes pas ici pour discuter
les articles de la foi catholique, interposa doucement

le cardinal Manning, mais pour nous occuper du péril social. Vous pouvez, rééditant Voltaire, railler la religion, mais vous n'empêcherez pas qu'elle soit le meilleur frein moral aux convoitises et aux passions des basses classes.

— L'homme est un animal religieux, dit sentencieusement le pape du positivisme, M. Pierre Laffitte. La religion d'Aug. Comte ne possède ni pigeon, ni agneau, et bien que notre Dieu ne soit ni à plumes, ni à poils, il est cependant un Dieu positif.

— Votre Dieu-Humanité, répliqua Huxley, est moins réel que le blond Jésus. Les religions de notre siècle sont un danger social. Demandez à M. de Giers, qui nous écoute en souriant, si les sectes religieuses de formation nouvelle en Russie, aussi bien qu'aux États-Unis, ne sont pas entachées de communisme. Je reconnais la nécessité d'une religion, j'admets aussi que le christianisme, excellent encore pour les Papous et les sauvages de l'Australie, est un peu démodé en Europe; mais s'il nous faut une religion nouvelle, tâchons qu'elle ne soit pas un plagiat du catholicisme et ne contienne nulle trace de socialisme.

— Pourquoi, interrompit Maret, heureux de glisser son mot, ne remplacerions-nous pas les vertus théologales par les vertus libérales. la Foi, l'Espérance et la Charité par la Liberté, l'Egalité et la Fraternité?

— Et la Patrie, acheva Déroulède.

— Ces vertus libérales sont, en effet, la belle découverte religieuse des temps modernes, reprit M. de Giers; elles ont rendu d'importants services en Angleterre, en France, aux États-Unis, partout, enfin, où on les a utilisées pour diriger les masses; nous nous en servirons un jour en Russie. Vous nous avez enseigné, messieurs les occidentaux, l'art d'opprimer au nom de la Liberté, d'exploiter au nom de l'Égalité, de mitrail-ler au nom de la Fraternité; vous êtes nos maîtres. Mais ces trois vertus du libéralisme bourgeois ne suf-fisent pas à constituer une religion : ce sont tout au plus des demi-Dieux; il reste à trouver le Dieu suprème.

— La seule religion qui puisse répondre aux néces-sités du moment, est la religion du Capital, déclara avec force le grand statisticien anglais, Giffen. Le Capi-tal est le Dieu réel, présent partout, il se manifeste sous toutes les formes — il est or éclatant et poudrette puante, troupeau de moutons et cargaison de café, stock de Bibles saintes et ballots de gravures pornogra-phiques, machines gigantesques et grosses de capotes anglaises. Le Capital est le Dieu que tout le monde connaît, voit, touche, sent, goûte; il existe pour tous nos sens. Il est le seul Dieu qui n'a pas encore rencon-tré d'athée. Salomon l'adorait, bien que pour lui tout fût vanité; Schopenhauer lui trouvait des charmes enivrants, bien que pour lui tout fût désenchantement; Hartmann, l'inconscient philosophe, est un de ses conscients croyants. Les autres religions ne sont que sur les lèvres, mais au fond du cœur de l'homme règne la foi dans le Capital.

Bleichrœder, Rothschild, Vanderbilt, Bontoux, tous les chrétiens et tous les juifs de l'Internationale jaune, battaient des mains et vociféraient ;

— Giffen a raison. Le Capital est Dieu, le seul Dieu vivant !

Quand l'enthousiasme judaïque se fut un peu calmé, Giffen continua :

— Aux uns sa présence se révèle terrible ; aux autres tendre comme l'amour d'une jeune mère. Quand le Capital se jette sur une contrée, c'est un cyclone qui passe, broyant et triturant hommes, bêtes et choses. Quand le Capital européen s'abattit sur l'Egypte, il empoigna et souleva de terre les fellahs avec leurs bœufs, leurs charrettes et leurs pioches, et les transporta à l'isthme de Suez ; de sa main de fer il les courba au travail, brûlés par le soleil, grelottant de fièvre, torturés par la faim et la soif : trente mille jonchèrent de leurs ossements les bords du canal. Le Capital saisit les hommes jeunes et vigoureux, alertes et bien portants, libres et joyeux ; il les emprisonne par milliers dans des usines, dans des tissages, dans des mines ; là, comme le charbon dans la fournaise, il les consomme, il incorpore leur sang et leur chair à la houille, à la trame des tissus, à l'acier des machines ; il transfuse leur force vitale dans la matière inerte. Quand il les lâche, ils sont usés, cassés et vieillis avant l'âge ; ils ne sont que des carcasses inutiles que se disputent l'anémie, la scrofule, la pulmonie. L'imagination humaine, si fertile cependant en monstres terrifiants, n'aurait jamais pu enfanter un Dieu aussi cruel, aussi épouvantable, aussi puissant pour le mal. — Mais qu'il est doux, prévoyant et aimable pour ses élus. La terre ne possède pas assez de jouissances pour les privilégiés du Capital ; il torture l'esprit des travailleurs pour qu'ils inventent des plaisirs nouveaux, pour qu'ils préparent des mets inconnus afin d'exciter leurs appétits blasés ; il procure des vierges-enfants afin de réveiller leurs sens épuisés. Il leur livre en toute propriété les choses mortes et les êtres vivants.

Agités par l'esprit de vérité ils trépignaient et hurlaient :

— Le Capital est Dieu.

— Le Capital ne connaît ni patrie, ni frontière, ni couleur, ni races, ni âges, ni sexes ; il est le Dieu international, le Dieu universel, il courbera sous sa loi tous les enfants des hommes ! s'écria le légat du pape, en proie à un transport divin. Effaçons les religions du passé, oublions nos haines nationales et nos querelles religieuses, unissons-nous de cœur et d'esprit pour formuler les dogmes de la foi nouvelle, de la **Religion du Capital.**

* *

Le Congrès de Londres, marquera dans l'histoire autant que les grands Conciles qui élaborèrent la religion catholique ; il tint ses séances durant deux semaines : on nomma une commission composée des représentants de toutes les nationalités, chargée de rédiger les procès-verbaux et de grouper en un corps de doctrine les opinions et les idées émises. Nous avons pu nous procurer différents travaux de cette commission que nous publions dans ce volume.

II

Le Catéchisme des Travailleurs.

Demande. — Quel est ton nom?

Réponse. — Salarié.

D. — Qui sont tes parents?

R. — Mon père était salarié, ainsi que mon grand-père et mon aïeul ; mais les pères de mes pères étaient serfs et esclaves. Ma mère se nomme Pauvreté.

D. — D'où viens-tu, où vas-tu?

R. — Je viens de la pauvreté et je vais à la misère, en passant par l'hôpital, où mon corps servira de champ d'expériences aux médicaments nouveaux et de sujets d'études aux docteurs qui soignent les privilé-giés du Capital.

D. — Où es-tu né?

R. — Dans une mansarde, sous les combles d'une maison, que mon père et ses camarades de travail avaient bâtie.

D. — Quelle est la religion?

R. — La religion du Capital.

D. — Quels devoirs t'impose la religion du Capital?

R. — Deux devoirs principaux : le devoir de renon-ciation et le devoir de travail.

Ma religion m'ordonne de renoncer à mes droits de propriété sur la terre, notre mère commune, sur les richesses de ses entrailles, sur la fertilité de sa surface, sur sa mystérieuse fécondation par la chaleur et la lumière du soleil; — elle m'ordonne de renoncer à mes droits de propriété sur le travail de mes mains et de mon cerveau; — elle m'ordonne encore de renoncer à mon droit de propriété sur ma propre personne; du moment que je franchis le seuil de l'atelier, je ne m'appartiens plus, je suis la chose du maître.

Ma religion m'ordonne de travailler depuis l'enfance jusqu'à la mort, de travailler à la lumière du soleil et à la lumière du gaz, de travailler le jour et la nuit, de travailler sur tere, sous terre et sur mer; de travailler partout et toujours.

D. — T'impose-t-elle d'autres devoirs?

R. — Oui. De prolonger le carème pendant toute l'année; de vivre de privations, ne contentant ma faim qu'à moitié; de restreindre tous les besoins de ma chair et de comprimer toutes les aspirations de mon esprit.

D. — T'interdit-elle certaine nourriture?

R. — Elle me défend de toucher au gibier, à la volaille, à la viande de bœuf de première, de deuxième et de troisième qualité, de goûter au saumon, au homard, aux poissons de chair délicate; elle me défend de boire du vin naturel, de l'eau-de-vie de vin, et du lait tel qu'il sort du pis de la vache.

D. — Quelle nourriture te permet-elle?

R. — Le pain, les pommes de terre, les haricots, la morue, les harengs saurs, les rebuts de boucherie, la viande de vache, de cheval, de mulet et la charcuterie. Pour remonter rapidement mes forces épuisées, elle me permet de boire du vin falsifié, de l'eau-de-vie de pommes de terre et du *casse poitrine* de betterave.

D. — Quels devoirs t'impose-t-elle envers toi-même ?

R. — De rogner mes dépenses; de vivre dans la saleté et la vermine; de porter des habits déchirés, rapiécés, reprisés; de les user jusqu'à la corde, jusqu'à ce qu'ils tombent en guenilles; de marcher sans bas, dans des souliers percés, qui boivent l'eau sale et glaciale des rues.

D. — Quels devoirs t'impose-t-elle envers ta famille ?

R. — D'interdire à ma femme et à mes filles toute coquetterie, toute élégance et tout raffinement; de les couvrir d'étoffes communes, juste assez pour ne pas choquer la pudeur du sergot; de leur apprendre à ne pas greloter en hiver sous des cotonnades et à ne pas suffoquer en été dans les galetas; d'inculquer à mes enfants les sacrés principes du travail, afin qu'ils puissent dès le bas-âge gagner leur subsistance et n'être pas à la charge de la société; de leur enseigner à se coucher sans souper et sans lumière, et de les accoutumer à la misère qui est leur lot dans la vie.

D. — Quels devoirs t'impose-t-elle envers la société ?

R. — D'accroître la fortune sociale par mon travail d'abord, par mon épargne ensuite.

D. — Que t'ordonne-t-elle de faire de tes économies ?

R. — De les porter aux Caisses d'épargne de l'État pour qu'elles servent à combler les déficits du budget (1) ou de les confier aux sociétés fondées par les

---

(1) Le catéchisme fait allusion à des faits qui se pas-

philanthropes de la finance pour qu'ils les prêtent à
nos patrons. Nous devons toujours mettre nos économies à la disposition de nos maîtres.

D. — Te permet-elle de toucher à ton épargne?

R. — Le moins souvent possible; elle nous recom-
mande de ne pas insister quand l'État refuse de la
rendre (1) et de nous résigner quand les philanthropes
de la finance devançant nos demandes, nous annon-
cent que nos économies se sont dissipées en fumée.

D. — As-tu des droits politiques?

R. — Le Capital m'accorde l'innocente distraction
d'élire les législateurs qui forgent des lois pour nous
asservir; mais il nous défend de nous occuper de politique et d'écouter des socialistes.

---

sent en France, mais que sans doute ses rédacteurs dé-
sireraient voir se généraliser dans les autres pays. Les
sommes déposées dans les Caisses d'épargne ont été
employées à liquider la dette flottante, qui s'élevait à
douze cents millions de francs; tous les ans les excédents
des sorties sur les rentrées des Caisses d'épargne servent,
comme dit le catéchisme, à combler les déficits du budget. M. Leroy Beaulieu signalait le danger que présen-
tait cette situation, l'État pourrait être mis en faillite par
les déposants venant réclamer leur argent.

« Je ferai remarquer le caractère vraiment international
du catéchisme capitaliste, qui formule les devoirs et les
droits des prolétaires sans distinction de pays et de race.

(1) Le fait est arrivé déjà en 1848 et en 1871; les rédacteurs prévoient qu'il se répétera encore et veulent y
préparer les ouvriers épargnistes.

D. — Pourquoi?

R. — Parce que la politique est le privilège des patrons, parce que les socialistes sont des coquins qui nous
pillent et nous trompent. Ils nous disent que l'homme
qui ne travaille pas ne doit pas manger, que tout
appartient aux salariés parce qu'ils ont produit tout,
que le patron est un parasite à supprimer. La sainte
religion du Capital nous apprend, au contraire, que le
gaspillage des riches crée le travail qui nous donne à
manger; que les riches entretiennent les pauvres; que
s'il n'y avait plus de riches, les pauvres périraient. Elle
nous enseigne encore à n'être pas assez bêtes pour
croire que nos femmes et nos filles sauraient porter les
soieries et les velours qu'elles tissent, elles qui ne
veulent se parer que de méchantes cotonnades, et que
nous ne saurions boire les vins naturels et manger les
bons morceaux, nous qui sommes habitués à la vache
enragée et aux boissons fraudées.

D. — Qui est ton Dieu?

R. — Le Capital.

D. — Est-il de toute éternité?

R. — Nos prêtres les plus savants, les économistes
officiels, disent qu'il a existé depuis le commencement
du monde; comme il était tout petit alors, Jupiter,
Jehovah, Jésus et les autres faux Dieux ont régné à sa
place et en son nom; mais depuis l'an 1,500 environ,
il grandit et ne cesse de grandir en masse et en puissance; aujourd'hui il domine le monde.

D. — Ton Dieu est-il tout-puissant?

R. — Oui. Sa possession donne tous les bonheurs

de la terre. Quand il détourne sa face d'une famille et
d'une nation, elles végètent dans la misère et la douleur. La puissance du Dieu-Capital grandit à mesure
que sa masse s'accroît : tous les jours il conquiert de
nouveaux pays ; tous les jours il grossit le troupeau de
salariés qui, leur vie durant, sont consacrés à augmenter sa masse.

D. — Quels sont les élus de Dieu-Capital?

R. — Les patrons, les capitalistes, les rentiers.

D. — Comment le Capital, ton Dieu, te recompense-
t-il?

R. — En me donnant toujours et toujours du travail,
à moi, à ma femme et à mes tout petits enfants?

D. — Est-ce là ton unique récompense?

R. — Non. Dieu nous autorise à satisfaire notre faim en
savourant des yeux les appétissants étalages de viandes
et de provisions que nous n'avons jamais goûtées, que
nous ne goûterons jamais et dont se nourrissent les
élus et les prêtres sacrés. Sa bonté nous permet de
réchauffer nos membres que le froid engourdit, en
regardant les chaudes fourrures et les draps épais dont
se couvrent les élus et les prêtres sacrés. Elle nous
accorde encore le délicat plaisir de réjouir nos yeux en
contemplant passer en voiture sur les boulevards et les
places publiques, la tribu sainte des rentiers et des
capitalistes luisants, dodus, pansus, cossus, environnés
d'une tourbe de valets galonnés et de courtisanes peintes et teintes. Nous nous énorgueillissons alors en son-
geant que si les élus jouissent des merveilles dont nous

sommes privés, elles sont l'œuvre de nos mains et de
nos cerveaux.

D. — Les élus sont-ils d'une autre race que toi?

R. — Les capitalistes sont pétris du même argile
que les salariés; mais ils ont été choisis entre des milliers et des millions.

D. — Qu'ont-ils fait pour mériter cette élévation?

R. — Rien. Dieu prouve sa toute puissance en dé-
versant ses faveurs sur celui qui ne les a point gagnées.

D. — Le Capital est donc injuste?

R. — Le Capital est la justice même; mais sa justice
dépasse notre faible entendement. Si le Capital était
obligé d'accorder sa grâce à ceux qui la méritent, il ne
serait point libre, sa puissance aurait des bornes. Le
Capital ne peut affirmer sa toute-puissance qu'en prenant ses élus, les patrons et les capitalistes, dans le tas
des incapables, des fainéants et des vauriens.

D. — Comment ton Dieu te punit-il?

R. — En me condamnant au chômage; alors je suis
excommunié : on m'interdit le pain, le vin et le feu.
Nous mourons de faim, ma femme et mes enfants.

D. — Quelles sont les fautes que tu dois commettre
pour mériter l'excommunication du chômage?

R. — Aucune. Le bon plaisir du Capital décrète le
chômage sans que notre faible intelligence puisse en
saisir la raison.

D. — Quelles sont tes prières?

R. — Je ne prie point avec des paroles. Le travail
est ma prière. Toute prière parlée dérangerait ma
prière efficace qui est le travail; la seule prière qui

plaise, parce qu'elle est la seule utile, la seule qui profite au Capital, la seule qui crée de la plus-value.

D. — Où pries-tu?

R. — Partout : sur mer, sur terre et sous terre, dans les champs, dans les mines, dans les ateliers et dans les boutiques.

Pour que notre prière soit accueillie et récompensée, nous devons déposer aux pieds du Capital notre volonté, notre liberté et notre dignité.

Au son de la cloche, au sifflement de la machine nous devons accourir; et une fois en prière, nous devons, ainsi que des automates, remuer bras et jambes, pieds et mains, souffler et suer, tendre nos muscles et épuiser nos nerfs.

Nous devons être humbles d'esprit, supporter docilement les emportements et les injures du maître et des contremaîtres, car ils ont toujours raison, même lorsqu'ils nous paraissent avoir tort.

Nous devons remercier le maître quand il rogne le salaire et prolonge la journée de travail; car tout ce qu'il fait est juste et pour notre bien. Nous devons être honorés quand le maître et ses contremaîtres caressent nos femmes et nos filles, car notre Dieu, le Capital, leur octroie le droit de vie et de mort sur les salariés ainsi que le droit de cuissage sur les salariées.

Plutôt que de laisser une plainte s'échapper de nos lèvres, plutôt que de permettre à la colère de faire bouillonner notre sang, plutôt que de jamais nous mettre en grève, plutôt que de nous révolter, nous devons endurer toutes les souffrances, manger notre pain couvert de crachats et boire notre eau souillée de boue ; car pour châtier notre insolence, le Capital arme le maître de canons et de sabres, de prisons et de bagnes, de la guillotine et du peloton d'exécution.

D. — Recevras-tu une récompense après la mort ?

R. — Oui, une bien grande. Après la mort, le Capital me laissera m'asseoir et me délasser. Je ne souffrirai plus ni du froid, ni de la faim ; je n'aurai plus à m'inquiéter ni du pain du jour, ni du pain du lendemain. Je jouirai du repos éternel de la tombe.

XX

III

Le Sermon de la Courtisane

(Le manuscrit qui m'a été remis est incomplet, les trois premiers feuillets manquent ; ils devaient sans doute contenir une invocation au Dieu-Capital le protecteur de ceux que l'on méprise. La règle que je me suis imposée d'être un simple copiste, m'interdit toute tentative de reconstruction.

Des notes marginales laissent supposer que le rédacteur du sermon, le légat du pape, a pris pour collaborateurs le prince de Galles, deux riches industriels connus du monde entier pour leurs soieries et leurs cotonnades, MM. Bonnet et Pouyer-Quertier et une célèbre courtisane, qui fit passer par son lit la haute noce cosmopolite, Cora Pearl.)   P. L.

Les hommes qui marchent dans les ténèbres de la vie, guidés par les lueurs vacillantes de

la chétive raison, raillent et insultent la courtisane ; ils
la clouent ignominieusement au pilori de leur morale ;
ils la soufflettent de leurs vertus de parade, ils ameu-
tent contre elle les colères et les indignations ; elle est
l'esclave du mal et la reine de la scélératesse, la meule
du pressoir de l'abrutissement, elle corrompt la jeunesse en fleur et souille les cheveux blancs de la vieillesse ; elle enlève l'époux à l'épouse, elle pompe de ses
lèvres altérées et insatiables l'honneur et la fortune des
familles.

O mes sœurs ! la brutale fureur et la basse envie
salissent avec un fiel amer et boueux la noble image de
la courtisane, et cependant, il y a bientôt dix-neuf siècles, le dernier des faux Dieux, Jésus de Nazareth,
relevait de l'opprobre des hommes, Marie-Madeleine, et
l'asseyait au milieu des saints et des bienheureux, dans
la splendeur de son paradis.

Avant la venue du Vrai-Dieu, avant la venue du
Capital, les religions qui se sont disputé la terre et les
Dieux qui se sont succédé dans la tête humaine, comman-
daient d'emprisonner l'épouse dans le gynécée et de ne
permettre qu'à l'hétaïre de mordre aux fruits de l'arbre
de science et de liberté. Cependant la grande déesse de
Babylone, Mylitta-Anaïtis « l'habile enchanteresse, la
séduisante prostituée », ordonnait à son peuple de
fidèles de l'honorer par la prostitution. Quand Bouddha,
l'Homme-Dieu, venait à Vesali, il allait habiter dans la
maison de la maîtresse des prostituées sacrées, devant
qui se rangeaient les prêtres et les magistrats revêtus
de leurs costumes de cérémonie. Jéhovah, le Dieu

sinistre, logeait dans son temple les courtisanes (1).

Éclairés par la foi, les hommes des sociétés primitives déifiaient la courtisane ; elle symbolisait la force de l'éternelle nature qui crée et qui détruit.

Les pères de l'Église catholique, qui pendant des siècles amusa de ses légendes l'enfant-humanité, cherchaient l'inspiration divine dans la compagnie des prostituées. Quand le pape réunissait en concile ses prêtres et ses évêques pour discuter un dogme de la foi, guidées par le doigt de Dieu, les courtisanes de toute la chrétienté accouraient ; elles apportaient dans leurs jupes le Saint-Esprit ; elles éclairaient l'intelligence des Docteurs. Le Dieu des chrétiens arma du pouvoir de faire et de défaire les papes infaillibles, Théodora, l'impériale catin.

. Le Capital, notre Seigneur, assigne à la courtisane une place encore plus élevée : ce n'est plus à des papes aux chefs branlants qu'elle commande, mais à des milliers d'ouvriers jeunes et vigoureux, maîtres de tous les arts et de tous les métiers : ils tissent, brodent, cousent, travaillent le bois, le fer et les métaux précieux, taillent les diamants, rapportent du fond des mers le

---

(1) Le légat du pape fait allusion à ce verset de l'Ancien Testament. « Il (Josiah) démolit les maisons des Sodomites qui étaient dans le temple de l'Eternel et dans lesquelles les prostituées tissaient des tentes (II Rois, chap. XXIII, v. 7.) Dans le temple de Mylitta, les courtisanes de Babylone avaient de semblables chapelles où elles exerçaient leur saint ministère.

corail et les perles, produisent au cœur de l'hiver les
fleurs du printemps et les fruits de l'automne, bâtissent
les palais, décorent les murailles, peignent les toiles,
sculptent le marbre, écrivent des drames et des romans,
composent des opéras, chantent, jouent et dansent pour
occuper ses loisirs et contenter ses caprices. Jamais
Sémiramis, jamais Cléopâtre, jamais ces reines puis-
santes n'eurent pour les servir un troupeau aussi nombreux de travailleurs, savants en tout métier, habiles
en tout art.

La courtisane est la parure de la civilisation capitaliste. Qu'elle cesse d'orner la société et le peu de joie
qui reste encore en ce monde ennuyé et attristé, s'éva-
nouit; les bijoux, les pierreries, les étoffes lamées et
brodées deviennent inutiles comme des hochets ; le luxe
et les arts, ces enfants de l'amour et de la beauté, sont
insipides ; la moitié du travail humain perd sa valeur.
Mais tant que l'on achètera et que l'on vendra, tant que
le Capital restera le maître des consciences et le rémunérateur des vices et des vertus, la marchandise
d'amour sera la plus précieuse et les élus du Capital
abreuveront leur cœur à la coupe glaciale des lèvres
peintes de la courtisane.

Si la raison n'avait pas abêti l'homme, si la foi avait
ouvert les portes de son entendement, il aurait compris que la courtisane, en qui vont les luxures des
riches et des puissants, est un des moteurs du Dieu-
Capital pour remuer les peuples et transformer les
sociétés.

Aux noirs temps du moyen âge, alors que le Capital,

notre Seigneur, semblable à l'enfant qui palpite sourdement dans le sein de la femme, s'élaborait mystérieusement dans la profondeur des choses économiques, alors que pas une bouche ne prophétisait sa naissance, alors que l'âme humaine, ignorante de la venue d'un Dieu, ne tressaillait pas d'allégresse, alors cependant le Capital commençait à diriger les actions des hommes. Il souffla dans l'esprit des chrétiens d'Europe le sauvage emportement qui les précipitait sur les routes d'Asie en bandes plus serrées que des bataillons de fourmis. — En ces temps-là les chefs des hommes étaient les grossiers seigneurs féodaux, vivant dans les cuirasses comme les homards dans leur carapace ; se nourrissant de viandes lourdes et de boissons épaisses, n'estimant d'autres plaisirs que les coups de lance, ne connaissant d'autre luxe qu'une épée bien trempée. Pour mouvoir ces brutes, notre Dieu dût s'abaisser au niveau de leur intelligence plus dense que le plomb ; il leur suggéra l'idée de se croiser, de courir en Palestine délivrer les pierres d'un tombeau qui jamais n'exista. Dieu voulait les amener aux pieds des courtisanes de l'Orient, les enivrer de luxe et de jouissances, implanter dans leur cœur la passion divine, l'amour de l'or. Quand ils rentrèrent dans leurs sombres manoirs, où hululaient les hiboux, les sens encore troublés par l'or et la pourpre des fêtes, les parfums de l'Arabie et les molles caresses des courtisanes épilées, ils prirent en dégoût leurs femelles gauches et velues, filant et enfantant et ne sachant rien autre : ils rougirent de leur barbarie, et comme une jeune mère prépare le berceau de l'enfant qui va naître, ils bâtirent les villes de la Méditerranée, ils créèrent les cours ducales et royales de l'Europe, pour la venue du Dieu-Capital.

Je vous le dis en vérité, la courtisane est plus chère à notre Dieu qu'au financier l'argent de l'actionnaire ; elle est sa fille très aimée, celle qui de toutes les femmes obéit le plus docilement à sa volonté. La courtisane trafique avec ce qu'on ne peut ni peser, ni mesurer, avec la chose immatérielle qui échappe aux lois sacrées de l'échange : elle vend l'amour, comme l'épicier débite le savon et la chandelle, comme le poète détaille l'idéal. Mais en vendant l'amour la courtisane se vend ; elle donne au sexe de la femme une valeur, son sexe participe alors aux qualités de notre Dieu, il devient une parcelle de Dieu, il est Capital. La courtisane incarne Dieu.

Vous êtes plus naïfs que les veaux paissant dans les prairies, ô poètes, ô dramaturges, ô romanciers, vous qui injuriez la courtisane parce qu'elle n'accorde l'usage de son corps que contre argent comptant ; vous qui la traînez dans la boue parce qu'elle cote à un prix élevé ses tendresses. Vous voulez donc qu'elle profane la parcelle divine qui est son corps, qu'elle le rende plus vil que les pierres du chemin. Vous, moralistes, qui êtes des porcheries à engraisser les vices, vous lui reprochez de préférer l'or fin au cœur brûlant d'amour. Philosophes obtus, vous prenez donc la courtisane pour un épervier se gorgeant de chair pantelante ? Vous tous que l'avarice étouffe, croyez-vous donc que la courtisane soit moins désirable parce qu'on l'achète? N'achète-t-on pas le pain qui soutient le corps, le vin qui réjouit le cœur? N'achète-t-on pas la conscience du député, les prières du prêtre, le courage du soldat, la science de l'ingénieur, l'honnêteté du caissier?

Dieu-Capital maudit les prostituées, folles de leur corps, qui se vendent pour quelques francs, quelques sous, aux travailleurs et aux soldats; plus redoutable que la peste, il martyrise les brutes du plaisir des pauvres, il empoisonne la chair des chauves-souris de Vénus, il les livre aux Alphonses du ruisseau qui les battent et les pillent; il les soumet à l'inspection de la police, ainsi que la viande pourrie des marchés.

Mais la courtisane qui possède la grâce efficace du Dieu-Capital se bouche les oreilles à vos morales et ridicules déclamations, plus vaines que les cris des oies qu'on plume: elle enveloppe son âme d'une glace polaire que le feu d'aucune passion d'amour ne fond; car malheur, trois fois malheur à la *Dame aux Camélias* qui se donne et ne se vend pas; Dieu se retire de la courtisane amoureuse qui se pâme de plaisir; si son cœur palpite, et si ses sens parlent, l'acheteur d'amour qui succède à l'amant de cœur, dépité et désappointé, au lieu d'une marchandise fraîche ne trouve qu'un corps échauffé et épuisé.

La courtisane se cuirasse d'attirante froideur, pour que sur son corps de porcelaine, où la passion ne bat de l'aile, ses acheteurs usent leurs lèvres brûlantes sans en altérer la fraîcheur; c'est de la fermentation de leur sang qu'ils doivent tirer l'ivresse d'amour, et non de la

fièvre de ses caresses et de la chaleur de ses étreintes ;
car il faut que, tandis que l'acheteur mange de baisers
son corps vendu, son âme libre songe à l'argent qui lui
est dû. La courtisane filoute ceux qui l'achètent ; elle
les oblige à payer au poids de l'or le plaisir d'amour
qu'ils apportent en eux. Et parce que, lorsqu'elle vend
l'amour la marchandise vendue n'existe pas, notre
Dieu-Capital, pour qui le vol et la falsification sont les
premières des vertus théologales, bénit la coutisane.

Femmes qui m'écoutez, je vous ai révélé le mystère
de l'énigmatique froideur de la courtisane, de la courtisane marmoréenne qui convie la classe entière des
élus du Capital au banquet de son corps et leur dit :
« Prenez, mangez et buvez, ceci est ma chair et ceci
est mon sang. »

*
* *

L'épouse fidèle et bonne ménagère, que les gens du
monde honorent en paroles mais s'empressent de fuir
et de laisser se morfondre au foyer conjugal, isole
l'homme de ses semblables, engendre et développe
dans son sein la jalousie, cette passion antisociale qui
empoisonne de bile le sang, et l'emprisonne dans son
chez soi ; elle le mure dans l'égoïsme familial. La courtisane au contraire libère l'homme du joug de la famille
et des passions.

L'argent crée des distances parmi les hommes, la
courtisane les rapproche, les unit. Dans son boudoir
ceux que divise l'intérêt fraternisent, un pacte secret,

indéfinissable, mais profond, mais irrévocable, les lie ;
ils ont mangé et bu de la même courtisane ; ils ont
communié sur le même autel.

L'amour, cette passion sauvage et brutale, qui trouble
le cerveau, pousse l'homme à l'oubli et au sacrifice de
ses intérêts, la courtisane le remplace par la facile,
bourgeoise, et commode galanterie vénale, qui pétille
comme l'eau de seltz et n'énivre pas.

La courtisane est le présent du Dieu-Capital, elle
initie ses élus aux savants raffinements du luxe et de
la luxure ; elle les console de leurs légitimes, ennuyeuses
comme les longues pluies d'automne. Quand la vieillesse les saisit, les ride et les ratatine, éteint la flamme
des yeux, enlève la souplesse des membres et la dou-
ceur de l'haleine, et les rend un objet de dégoût pour
les femmes, la courtisane allège les tristesses de l'âge ;
sur son corps froid que rien ne rebute, ils trouvent
encore le fugitif plaisir que leur or achète.

Plus agissante que les ferments qui travaillent le vin
nouveau, la courtisane imprime aux richesses un ver-
tigineux mouvement giratoire ; elle lance dans la folle
valse des millions, les fortunes les plus lourdes ; dans
ses nonchalantes mains, les mines, les usines, les
banques, les rentes sur l'État, les vignobles et les terres
à blé se dissolvent, coulent entre les doigts et se ré-
pandent dans les mille canaux du commerce et de l'industrie. La vermine qui monte à l'assaut des charognes,
n'est pas plus épaisse que la nuée de domestiques, de
marchands, d'usuriers, qui l'assiégent ; ils tiennent
béantes leurs insondables poches pour recueillir la

pluie d'or qui tombe quand elle retrousse sa robe. Modèle d'abnégation, elle ruine ses amants pour enrichir les domestiques et les fournisseurs qui la volent.

Les artistes et les industriels s'endormiraient dans la grasse médiocrité, si la courtisane ne les obligeait à surchauffer leurs cervelles pour découvrir des jouissances nouvelles et des futilités inédites ; car, assoiffée d'idéal, elle ne possède un objet que pour s'en dégoûter ; elle ne goûte un plaisir que pour s'en rassasier.

La machine abrège-travail condamnerait les ouvrières et les ouvriers à l'oisiveté, cette mère des vices ; mais élevant le gaspillage à la hauteur d'une fonction sociale, la courtisane augmente son luxe et ses exigences à mesure que la mécanique industrielle progresse, afin qu'il y ait pour les damnés du prolétariat toujours du travail, cette source des vertus.

La courtisane qui dévore les fortunes, qui gâche et qui détruit comme une armée en marche, les seigneurs de la fabrique et de la boutique l'adorent ; elle est le génie tutélaire qui entretient la vie et la vigueur du commerce et de l'industrie.

La morale de la religion du Capital plus pure et plus élevée que celles des fausses religions du passé, ne proclame pas l'égalité humaine : la minorité, l'infime minorité seule est appelée à se partager les faveurs du Capital. Le Phallus, ainsi que dans les temps primitifs, ne rend plus les hommes égaux. La courtisane ne doit pas être salie par les baisers des rustres et des manants ; car Dieu-Capital réserve pour ses élus les choses précieuses et délicates de la nature et de l'art.

La courtisane, que Dieu garde pour la joie des riches et des puissants, si elle est condamnée à soulever les voiles des hypocrisies sociales, à toucher le fond des turpitudes humaines, basses à lever le cœur, elle vit dans le luxe et les fêtes ; nobles et bourgeois respectables et respectés, quémandent l'honneur de métamorphoser la Madame Tout-le-monde en Madame Quelqu'un ; et il lui arrive de clore la série de ses folles noces par une noce raisonnable. Au printemps de ses jours les capitalistes déposent à ses pieds leur cœur qu'elle dédaigne et leurs trésors qu'elle dissipe ; les artistes et les littérateurs voltigent autour d'elle, l'adulant d'hommages serviles et intéressés. A l'automne de ses ans, lasse et de graisse épaissie, elle ferme boutique et ouvre maison, et les hommes graves et les femmes prudes l'entourent de leur amitié et de leurs soins empressés, afin d'honorer la fortune qui récompense son travail sexuel.

Dieu comble la courtisane de ses grâces ; à celle que l'imprévoyante nature n'a pas dotée de beauté et d'esprit, il donne du *chic*, du *montant*, du *chien*, de la *rosserie*, qui séduisent et captivent l'âme distinguée des privilégiées du Capital.

Dieu la met à l'abri des faiblesses de son sexe. La nature marâtre condamne la femme au dur labeur de la reproduction de l'espèce ; mais les lancinantes douleurs qui tenaillent le sein des mères ne sont infligées qu'à l'amante, qu'à l'épouse. Dieu, dans sa bonté, épargne à la courtisane les maculatures et les déformations de la gestation et le travail de l'enfantement : il lui accorde la stérilité, cette grâce si enviée. C'est l'amante, c'est l'épouse qui doit implorer la vierge Marie et lui adresser la fervente prière de la femme adultère : — — « O vierge sainte, qui avez conçu sans péché, faites que je pèche sans concevoir. » — La courtisane appartient au troisième sexe ; elle laisse à la femme vulgaire la sale et pénible besogne d'enfanter l'humanité (1).

Le hasard recrute les courtisanes dans les basses classes de la société. N'est-ce pas une honte et un crève-cœur de voir celles qui occupent un rang si élevé dans le monde, sortir de la crotte?

Femmes qui m'écoutez, vous appartenez aux classes supérieures, souvenez-vous que l'ancienne noblesse reprochait à Louis XV de prendre ses concubines dans la roture; réclamez comme un de vos plus précieux privilèges le droit et l'honneur de fournir les courtisanes des élus du Capital. Déjà beaucoup d'entre vous, méprisant les tristes devoirs de l'épouse, se vendent comme les courtisanes; mais elles trafiquent de leur sexe timidement, hypocritement. Imitez l'exemple des honorables matrones de l'ancienne Rome qui se faisaient inscrire chez les édiles pour exercer le métier de prostituées; secouez, jetez à terre et foulez aux pieds des préjugés idiots et démodés qui ne conviennent qu'à des esclaves. Le Dieu-

----

(1) Les rédacteurs du sermon se sont inspirés de la pensée d'Auguste Comte. Le fondateur du positivisme prédisait la formation d'une race supérieure de femmes, débarrassées de la gestation et de la parturition. La courtisane réalise en effet l'idéal du bourgeois philosophe.

Capital apporte au monde une morale nouvelle ; il proclame le dogme de la Liberté humaine : sachez que l'on
n'obtient la liberté, qu'en conquérant le droit de se vendre. Libérez-vous de l'esclavage conjugal, en vous vendant

Dans la société capitaliste, il n'est pas de travail plus
honorable que celui de la courtisane. Tenez, regardez
le travail de l'ouvrière et contemplez ensuite celui de la
courtisane. A la fin de sa longue et monotone journée,
l'ouvrière méprisée, pâlie et courbaturée, ne tient dans sa
main amaigrie que le modique salaire qui l'empêche de
mourir de faim. La courtisane, joyeuse comme un jeune
dieu, se lève de son lit ou de sa chaise longue et secouant
sa chevelure parfumée, elle compte négligemment des
louis d'or et des billets de banque. Son travail ne laisse
sur son corps ni fatigue, ni souillure ; elle rince sa
bouche et s'essuie les lèvres et dit en souriant : à un
autre !

Philosophes ruminants, qui sans relâche mâchez et
remâchez les préceptes surannés de l'antique morale,
dites-nous donc quelle besogne est plus agréable à notre
Dieu-Capital, celle de l'ouvrière ou celle de la courtisane ?

Le Capital marque son estime pour une marchandise,
par le prix auquel il permet qu'elle se vende. Allons,
moralistes cafards, trouvez donc dans l'innombrable
série des occupations humaines, un travail de la main
ou de l'intelligence qui reçoive un salaire aussi rémunérateur que celui du sexe ? La science du savant, le
courage du soldat, le génie de l'écrivain, l'habileté de

l'ouvrier, ont-ils été jamais autant payés que les baisers de Cora Pearl?

Le travail de la courtisane est le travail sacré, celui que Dieu-Capital récompense par dessus tous les autres.

Mes très-chères sœurs écoutez-moi, écoutez-moi, Dieu parle par ma bouche :

Si vous êtes assez abandonnées de Dieu, pour ne pas abhorrer le travail accablant de l'ouvrière qui déforme le corps et qui tue l'intelligence, ne vous prostituez pas;

Pour ambitionner l'existence végétative de la ménagère, cloîtrée dans la famille et condamnée à l'économie sordide, ne vous prostituez pas;

Pour vouloir vivre solitaire au foyer conjugal, délaissée par l'époux, qui mange votre dot avec la courtisane, ne vous prostituez pas;

Mais si vous avez souci de votre liberté, de votre dignité, de votre gloire et de votre bonheur sur terre, prostituez-vous;

Si vous avez trop de fierté dans l'âme pour accepter sans révolte le travail dégradant de l'ouvrière et la vie abêtissante de la ménagère, prostituez-vous.

Si vous voulez être la reine des fêtes et des plaisirs de la civilisation, prostituez-vous;

C'est la grâce que je vous souhaite : Amen!

XX

IV

L'Ecclésiaste ou le Livre du Capitaliste.

Ce livre a circulé entre les mains de plusieurs capitalistes qui l'ont lu et annoté; voici quelques-unes de leurs annotations :

« Il est certain que ces préceptes de la sagesse divine seraient mal interprétés par l'intelligence grossière des salariés. Je suis d'avis qu'on les traduise en volapük ou toute autre langue sacrée. »

Signé : JULES SIMON.

« Il faudrait imiter les docteurs judaïques qui interdisaient aux profanes la lecture de *l'Ecclésiaste* de l'ancien Testament et ne communiquer le *Livre du Capitaliste* qu'aux initiés possédant un million. »

Signé : BLEICHROEDER.

« Un million de francs ou de marks me semble une somme bien misérable, je propose un million de dollars ».

Signé : JAY GOULD.

I. — NATURE DU DIEU-CAPITAL.

1. — Médite les paroles du Capital, ton Dieu.

2. — Je suis le Dieu mangeur d'hommes ; je m'attable

dans les ateliers et je consomme les salariés. Je transub-
stantie en capital divin la vie chétive du travailleur. Je
suis l'infini mystère : ma substance éternelle n'est que
périssable chair; ma toute puissance que faiblesse
humaine. La force inerte du Capital est la force vitale
du salarié.

3. — Principe des principes : par moi débute toute
production, à moi aboutit tout échange.

4. — Je suis le Dieu vivant, présent en tous lieux : les
chemins de fer, les hauts-fourneaux, les grains de blé,
les navires, les vignobles, les pièces d'or et d'argent sont
les membres épars du Capital universel.

5. — Je suis l'âme incommensurable du monde civi-
lisé, au corps varié et multiple à l'infini. Je vis dans ce
qui s'achète et se vend; j'agis dans chaque marchandise et pas une n'existe en dehors de mon unité
vivante.

6. — Je resplendis dans l'or et je pue dans le fumier;
je réjouis dans le vin et je corrode dans le vitriol.-

7. — Ma substance qui s'accroît continuellement coule,
fleuve invisible, à travers la matière; divisée et subdi-
visée au-delà de toute imagination, elle s'emprisonne
dans les formes spéciales revêtues par chaque marchandise et, sans me lasser, je me transvase d'une marchandise dans une autre : pain et viande aujourd'hui, demain
force-travail du producteur, après-demain, lingot de fer,
pièce de calicot, œuvre dramatique, quintal de suif ou
sac de poudrette. La transmigration du Capital jamais
ne s'arrête. Ma substance ne meurt pas; mais ses formes sont périssables, — elles finissent et passent.

8. — L'homme voit, touche, sent et goûte mon corps, mais mon esprit plus subtil que l'éther est insaisissable aux sens. Mon esprit est le Crédit ; pour se manifester, il n'a pas besoin de corps.

9. — Chimiste plus savant que Berzélius, que Gherardt, mon esprit transmute les vastes champs, les colossales machines, les métaux pesants et les troupeaux mugissants en actions de papier ; et plus légers que des balles de sureau, animées par l'électricité, les canaux et les hauts-fourneaux, les mines et les usines bondissent et rebondissent de mains en mains dans la Bourse, mon temple sacré.

10. — Sans moi, rien ne se commence ni ne s'achève dans les pays que gouverne la Banque. Je féconde le travail ; je domestique au service de l'homme les forces irrésistibles de la nature et je mets en sa main le puissant levier de la science accumulée.

11. — J'enlace les sociétés dans le réseau d'or du commerce et de l'industrie.

12. — L'homme qui ne possède pas, qui n'a pas de Capital, marche nu dans la vie, environné d'ennemis féroces et armés de tous les instruments de torture et de mort.

13. — L'homme qui n'a pas de Capital, s'il est fort comme le taureau, on charge ses épaules d'un plus lourd fardeau ; s'il est laborieux, comme la fourmi, on double sa tâche ; s'il est sobre comme l'âne, on réduit sa pitance.

14. — Que sont la science, la vertu et le travail sans le Capital ? — Vanité et rongement d'esprit.

15. — Sans la grâce du Capital, la science égare l'homme dans les sentiers de la folie; le travail et la vertu le précipitent dans l'abîme de la misère.

16. — Ni la science, ni la vertu, ni le travail ne satisfont l'esprit de l'homme; c'est moi, le Capital, qui nourris la meute affamée de ses appétits et de ses passions.

17. — Je me donne et je me reprends selon mon bon plaisir et je ne rends pas de compte. Je suis l'Omnipotent qui commande aux choses qui vivent et aux choses qui sont mortes.

II. — L'ÉLU DU CAPITAL.

1. — L'homme, cet infect amas de matière, vient au monde nu comme un ver et renfermé dans une boîte, comme un pantin, il va pourrir sous terre et sa pourriture engraisse l'herbe des champs.

2. — Et pourtant, c'est ce sac d'ordures et de puanteur, que je choisis pour me représenter, moi le Capital, moi la chose la plus sublime qui existe sous le soleil.

3. — Les huitres et les escargots ont une valeur par les qualités de leur nature brute; le capitaliste ne compte que parce que je le choisis pour mon élu; il ne vaut que par le Capital qu'il représente.

4. — J'enrichis le scélérat nonobstant sa scélératesse; j'appauvris le juste nonobstant sa justice. J'élis qui me plaît.

5. — Je choisis le capitaliste, ni pour son intelligence, ni pour sa probité, ni pour sa beauté, ni pour sa jeunesse. Son imbécilité, ses vices, sa laideur et sa décrépitude sont autant de témoins de mon incalculable puissance.

6. — Parce que j'en fais mon élu, le capitaliste incarne la vertu, la beauté, le génie. Les hommes trouvent sa sottise spirituelle, ils affirment que son génie n'a que faire de la science des pédants ; les poètes lui demandent l'inspiration, et les artistes reçoivent à genoux ses critiques comme les arrêts du goût ; les femmes jurent qu'il est le Don Juan idéal ; les philosophes érigent ses vices en vertus ; les économistes découvrent que son oisiveté est la force motrice du monde social.

7. — Un troupeau de salariés travaille pour le capitaliste qui boit, mange, paillarde et se repose de son travail du ventre et du bas-ventre.

8. — Le capitaliste ne travaille ni avec la main, ni avec le cerveau.

9. — Il a un bétail mâle et femelle pour labourer la terre, forger les métaux et tisser les étoffes ; il a des directeurs et des contremaîtres pour diriger les ateliers, et des savants pour penser. Le capitaliste se consacre au travail des latrines ; il boit et mange pour produire du fumier.

10. — J'engraisse l'élu d'un bien-être perpétuel ; car qu'y a-t-il de meilleur et de plus réel sur terre que de boire, manger, paillarder et se réjouir ? — Le reste n'est que vanité et rongement d'esprit.

11. — J'adoucis les amertumes et j'enlève les peines de toutes choses pour que la vie soit aimable et agréable à l'élu.

12. — La vue a son organe, l'odorat, le toucher, le goût, l'ouïe, l'amour ont aussi leurs organes. Je ne refuse rien de ce que désirent les yeux, la bouche et les autres organes de l'élu.

13. — La vertu est à double face : la vertu du capitaliste est de se contenter ; la vertu du salarié de se priver.

14. — Le capitaliste prend sur terre ce qui lui plaît ; il est le maître. S'il est blasé des femmes, il réveille ses sens avec des vierges-enfants.

15. — Le capitaliste est la loi. Les législateurs rédigent les Codes selon sa convenance, et les philosophes accomodent la morale selon ses mœurs. Ses actions sont justes et bonnes. Tout acte qui blesse ses intérêts est crime et sera puni.

16. — Je garde pour les élus un bonheur unique, ignoré des salariés. — Faire des profits est la joie suprême. — Si l'élu qui encaisse des bénéfices, perd sa femme, sa mère, ses enfants, son chien et son honneur, il se résigne. Ne plus réaliser des profits est le malheur irréparable, dont jamais le capitaliste ne se console.

III. — DEVOIRS DU CAPITALISTE.

§ 1

1. — Beaucoup sont appelés, et peu sont élus ; tous les jours je réduis le nombre de mes élus.

2. — Je me donne aux capitalistes et je me partage entre eux ; chaque élu reçoit en dépôt une parcelle du Capital unique et il n'en conserve la jouissance que s'il l'accroît, que s'il lui fait faire des petits. Le Capital se retire des mains de celui qui ne remplit pas sa loi.

3. — J'ai choisi le capitaliste pour extraire de la plus-value ; accumuler des profits est sa mission.

4. — Afin d'être libre et à l'aise dans la chasse aux bénéfices, le capitaliste brise les liens de l'amitié et de l'amour ; il ne connaît ni ami, ni frère, ni mère ni femme, ni enfants, là où il y a un gain à réaliser.

5. — Il s'élève au-dessus des vaines démarcations qui parquent les mortels dans une patrie et dans un parti ; avant d'être Russe ou Polonais, Français ou Prussien, Anglais ou Irlandais, blanc ou noir, l'élu est exploiteur ; il n'est monarchiste ou républicain, conser-vateur ou radical, catholique ou libre-penseur, que par-dessus le marché. L'or a une couleur ; mais de-

vant lui les opinions des capitalistes n'ont point de couleur.

6. — Le capitaliste embourse avec la même indifférence l'argent mouillé de larmes, l'argent taché de sang, l'argent souillé de boue.

7. — Il ne sacrifie pas aux préjugés vulgaires. Il ne fabrique pas pour livrer des marchandises de bonne qualité, mais pour produire des marchandises rapportant de gros bénéfices. Il ne fonde pas des sociétés financières pour distribuer des dividendes, mais pour s'emparer des capitaux des actionnaires; car les petits capitaux appartiennent aux grands, et, au-dessus d'eux il y a des capitaux plus grands encore qui les surveillent pour les dévorer dans le temps. Telle est la loi du Capital.

8. — En élevant l'homme à la dignité de capitaliste, je lui transmets une partie de ma toute puissance sur les hommes et les choses.

9. — Le capitaliste doit dire : — la société, c'est moi; la morale, c'est mes goûts et mes passions; la loi, c'est mon intérêt.

10. Si un seul capitaliste est lésé dans ses intérêts, la société tout entière est en souffrance; car l'impossibilité d'accroître le Capital est le mal des maux; le mal contre lequel il n'est pas de remède.

11. — Le capitaliste fait produire et ne produit pas; fait travailler et ne travaille pas; toute occupation manuelle ou intellectuelle lui est interdite, elle le détournerait de sa mission sacrée : l'accumulation des profits.

12. — Le capitaliste ne se métamorphose pas en écureuil idéologique, tournant une roue qui ne mout que du vent.

13. — Il se soucie fort peu que les cieux racontent la gloire de Dieu ; il ne cherche pas si la cigale chante avec son derrière ou avec ses ailes et si la fourmi est une capitaliste (1).

14. — Il ne s'inquiète ni du commencement, ni de la fin des choses, il ne s'occupe que de leur faire rapporter des bénéfices.

15. — Il laisse les théologiens de l'économie officielle pérorer sur le monométallisme et le bimétallisme ; mais il empoche sans distinction les pièces d'or et d'argent à sa portée,

16. — Il abandonne aux savants qui, ne sont bons qu'à cela, l'étude des phénomènes de la nature et aux inventeurs l'application industrielle des forces naturelles, mais il s'empresse d'accaparer leur découverte dès qu'elles deviennent exploitables.

17. — Il ne se fatigue pas le cerveau pour savoir si le Beau et le Bon sont une seule et même chose ; mais il se régale des truffes si bonnes à manger et plus laides à voir que les excréments du cochon.

18. — Il applaudit aux discours sur les vérités éter-

---

(1) L'auteur de l'Ecclésiaste capitaliste fait sans doute allusion à ces économistes, ennuyeux diseurs de billevesées, qui déclarent que le capital est antérieur à l'homme, puisque la fourmi, en accumulant des provisions, fait acte de capitaliste.

nelles, mais il gagne de l'argent avec les falsifications du jour.

19. — Il ne spécule pas sur l'essence de la vertu, de la conscience et de l'amour ; mais il spécule sur leur vente et leur achat.

20. — Il ne recherche pas si la Liberté est bonne en soi ; il prend toutes les libertés pour n'en laisser que le nom aux salariés.

21. — Il ne discute pas si le droit prime la force, car il sait qu'il a tous les droits, puisqu'il possède le Capital.

22. — Il n'est ni pour ni contre le suffrage universel, ni pour ni contre le suffrage restreint, il se sert des deux : il achète les électeurs du suffrage restreint et dupe ceux du suffrage universel. S'il doit opter il se prononce pour ce dernier, comme étant le plus économique : car s'il est obligé d'acheter les électeurs et les élus du suffrage restreint, il lui suffit d'acheter les élus du suffrage universel.

23. — Il ne se mêle pas aux parlotages sur le libre-échange et sur la protection : il est tour à tour libre-échangiste et protectionniste suivant les convenances de son commerce et de son industrie.

24. — Il n'a aucun principe : pas même le principe de n'avoir pas de principes.

§ 2.

25. — Le capitaliste est dans ma main la verge d'airain pour mener l'indocile troupeau des salariés.

26. — Le capitaliste étouffe dans son cœur tout sentiment humain, il est sans pitié ; il traite son semblable plus durement que sa bête de somme. Les hommes, les femmes et les enfants ne lui apparaisssent que comme des machines à profit. Il bronze son cœur, pour que ses yeux contemplent les misères des salariés et pour que ses oreilles entendent leurs cris de rage et de douleur et ne palpite pas.

27. — Telle une presse hydraulique descend lentement, infailliblement, réduisant au plus mince volume, au plus parfait dessèchement la pulpe soumise à son action ; tel, pressant et tordant le salarié, le capitaliste extrait le travail que contiennent ses muscles et ses nerfs ; chaque goutte de sueur qu'il essore se métamorphose en capital. Quand usé et épuisé le salarié ne rend plus sous sa torsion le surtravail qui fabrique de la plus-value, il le jette dans la rue comme les rognures et les balayures des cuisines.

28. — Le capitaliste qui épargne le salarié me trahit et se trahit.

29. — Le capitaliste mercantilise l'homme, la femme et l'enfant, afin que celui qui ne possède ni suif, ni laine, ni marchandise quelconque ait au moins quelque chose à vendre. sa force musculaire, son intelligence, sa conscience. Pour se transformer en capital, l'homme doit auparavant devenir marchandise.

30. — Je suis le Capital, le maître de l'univers, le capitaliste est mon représentant : devant lui les hommes sont égaux, tous également courbés sous son exploitation. Le manœuvre qui loue sa force, l'ingénieur qui

offre son intelligence, le caissier qui vend son honnè-
teté, le député qui trafique de sa conscience, la fille de
joie qui prête son sexe, sont pour le capitaliste des salariés à exploiter.

31. — Il perfectionne le salarié : il l'oblige à repro-
duire sa force-travail avec une nourriture grossière et
falsifiée, pour qu'il la vende meilleur marché, et il le
force à acquérir l'ascétisme de l'anachorète, la patience de l'âne et l'assiduité au travail du bœuf.

32. — Le salarié appartient au capitaliste : il est sa
bête de travail, son bien, sa chose. Dans l'atelier où
l'on ne doit s'apercevoir ni quand le soleil se lève, ni
quand la nuit commence, il braque sur l'ouvrier cent
yeux vigilants, pour qu'il ne se détourne de sa tâche ni
par un geste, ni par une parole.

33. — Le temps du salarié est de l'argent : chaque
minute qu'il perd est un vol qu'il commet.

34. — L'oppression du capitaliste suit le salarié
comme son ombre jusque dans son taudis, car il ne doit
pas se corrompre l'esprit par des lectures et des discours socialistes, ni se fatiguer le corps par des amuse-
ments. Il doit rentrer chez lui en sortant de l'atelier,
manger et se coucher afin d'apporter le lendemain à
son maître un corps frais et dispos et un esprit résigné.

35. — Le capitaliste ne reconnaît au salarié aucun
droit, pas même le droit à l'esclavage, qui est le droit
au travail.

36. — Il dépouille le salarié de son intelligence et de
son habileté de main et les transfère aux machines
qui ne se révoltent pas.

IV. — MAXIMES DE LA SAGESSE DIVINE.

1. — Le matelot est assailli par la tempête; le mineur vit entre le grisou et les éboulements, l'ouvrier se meut au milieu des roues et des courroies de la machine de fer; la mutilation et la mort se dressent devant le salarié qui travaille : le capitaliste qui ne travaille pas est à l'abri de tout danger.

2. — Le travail éreinte, tue et n'enrichit pas : on amasse de la fortune, non pas en travaillant, mais en faisant travailler les autres.

3. — La propriété est le fruit du travail et la récompense de la fainéantise.

4. — On ne tire pas du vin d'un caillou, ni des profits d'un cadavre : on n'exploite que les vivants. Le bourreau qui guillotine un criminel fraude le capitaliste d'un animal à exploiter (1).

5. — L'argent et tout ce qui rapporte n'a point d'odeur.

6. — L'argent rachète ses qualités honteuses par sa quantité.

7. — L'argent tient lieu de vertu à celui qui possède.

---

(1) L'Ecclésiaste nous révèle la raison capitaliste de la campagne pour l'abolition de la peine de mort menée avec tant de fracas par Victor Hugo et les autres charlatans de l'humanitarisme.

8. — Un bienfait n'est pas un bon placement portant intérêt.

9. — En se couchant mieux vaut se dire : j'ai fait une bonne affaire qu'une bonne action.

10. — Le patron qui fait travailler les salariés quatorze heures sur vingt-quatre ne perd pas sa journée.

11. — N'épargne ni le bon, ni le mauvais ouvrier, car le bon comme le mauvais cheval a besoin de l'éperon.

12. — L'arbre qui ne donne pas de fruits doit être arraché et brûlé ; l'ouvrier qui ne porte plus de profits doit être condamné à la faim.

13. — L'ouvrier qui se révolte, nourris-le avec du plomb.

14. — La feuille du mûrier prend plus de temps à se transformer en satin que le travail du salarié en capital.

15. — Voler en grand et restituer en petit, c'est la philanthropie.

16. — Faire coopérer les ouvriers à l'édification de la fortune du capitaliste, c'est la coopération.

17. — Prendre la plus grosse part des fruits du travail, c'est la participation.

18. — Le capitaliste, libertaire fanatique, ne pratique pas l'aumône ; car elle enlève au sans-travail la liberté de mourir de faim.

19. — Les hommes ne sont rien de plus que des machines à produire et à consommer : le capitaliste achète les uns et court après les autres.

20. — Le capitaliste a deux langues dans sa bouche, l'une pour acheter et l'autre pour vendre.

21. — La bouche qui ment donne la vie à la bourse.

22. — La délicatesse et l'honnêteté sont les poisons des affaires.

23. — Voler tout le monde ce n'est voler personne.

24. — Démontre que l'homme est capable de dévouement ainsi que le caniche, en te dévouant à toi-même.

25. — Méfie-toi du malhonnête homme, mais ne te fie pas à l'homme honnête.

26. — Promettre prouve de la bonhomie et de l'urbanité, mais tenir sa promesse dénote de la faiblesse mentale.

27. — Les pièces de monnaie sont frappées à l'effigie du souverain ou de la République, parce que, comme les oiseaux du ciel, elles n'appartiennent qu'à celui qui les attrape.

28. — Les pièces de cent sous se relèvent toujours après être tombées, même dans l'ordure.

29. — Tu t'inquiètes de beaucoup de choses, tu te crées bien des soucis, tu t'efforces d'être honnête, tu ambitionnes le savoir, tu brigues les places, tu recherches les honneurs; et tout cela n'est que vanité et pâture de vent; une seule chose est nécessaire : — le Capital, encore le Capital.

30. — La jeunesse se fane, la beauté se flétrit, l'intelligence s'obscurcit, l'or, seul, ne se ride, ni ne vieillit.

31. — L'argent est l'âme du capitaliste et le mobile de ses actions.

32. — Je le dis en vérité, il y a plus de gloire à être un portefeuille bourré d'or et de billets de banque, qu'un homme plus chargé de talents et de vertus que l'âne portant des légumes au marché.

33. — Le génie, l'esprit, la pudeur, la probité, la beauté n'existent que parce qu'ils ont une valeur vénale.

34. — La vertu et le travail ne sont utiles que chez autrui.

35. — Il n'y a rien de meilleur pour les capitalistes que de boire, manger et paillarder : c'est aussi ce qui lui restera de plus sur quand il aura terminé ses jours.

36. — Tant qu'il demeure parmi les hommes qu'éclaire et que réchauffe le soleil, le capitaliste doit jouir et se réjouir, car on ne vit pas deux fois la même heure et on n'échappe pas à la méchante et à la vilaine vieillesse qui saisit l'homme par la tête et le pousse dans le tombeau.

37. — Au sépulcre où tu vas, tes vertus ne t'accompagneront pas; tu ne trouveras que des vers.

38. — Hors un ventre plein et digérant gaillardement et des sens robustes et satisfaits, il n'y a que vanité et rongement d'esprits.

V. — ULTIMA VERBA.

1. — Je suis le Capital, le roi du monde.

2. — Je marche escorté du mensonge, de l'envie, de l'avarice, de la chicane et du meurtre. J'apporte la di-

vision dans la famille et la guerre dans la cité. Je sème
partout où je passe, la haine, le désespoir, la misère
les maladies et la mort.

3. — Je suis le Dieu implacable. Je me plais au milieu des discordes et des souffrances. Je torture les
salariés et je n'épargne pas les capitalistes, mes élus.

4. — Le salarié ne peut m'échapper ; si pour me
fuir, il franchit les montagnes, il me trouve par delà
les monts; s'il traverse les mers, je l'attends sur le
rivage où il débarque. Le salarié est mon prisonnier et
la terre est sa prison.

5. — Je gorge les capitalistes d'un bien-être lourd,
bête et riche en maladies. J'émascule corporellement et
intellectuellement mes élus : leur race s'éteint dans
l'imbécilité et l'impuissance.

6. — Je comble les capitalistes de tout ce qui est désirable et je les châtre de tout désir. Je charge leurs
tables de mets appétissants et je supprime l'appétit.
Je garnis leurs lits de femmes jeunes et expertes en
caresses et j'engourdis leurs sens. Tout l'univers leur
est fade, fastidieux et fatigant : ils baillent leur vie ;
ils invoquent le néant et l'idée de la mort les transit de
peur.

7. — Quand c'est mon plaisir et sans que la raison
des hommes sonde mes raisons, je frappe mes élus, je
les précipite dans la misère, la géhenne des salariés.

8. — Les capitalistes sont mes instruments. Je me
sers d'eux comme d'un fouet aux mille lanières pour
flageller le stupide troupeau des salariés. J'élève mes
élus au premier rang de la société et je les méprise.

9. — Je suis le Dieu qui conduit les hommes et confond leur raison.

10. — Le poète des temps antiques a prédit l'ère du Capitalisme, il a dit : « Maintenant les maux sont mêlés de bien; mais un jour, il n'y aura plus ni liens de famille, ni justice, ni vertu. Aïdos et Némésis remonteront au ciel et le mal sera sans remède. » (1) Les temps annoncés sont arrivés : ainsi que les monstres voraces des mers et les bêtes féroces des bois, les hommes s'entre-dévorent sauvagement.

11. — Je ris de la sagesse humaine.

« Travaille, et la disette te fuira; travaille, et tes greniers s'empliront de provisions, » disait la sagesse antique.

J'ai dit :

« Travaille, et la gêne et la misère seront tes fidèles compagnes; travaille, et tu videras ta maison au Mont-de-Piété. »

12. — Je suis le Dieu qui bouleverse les empires : je courbe sous mon joug égalitaire les superbes; je broie 'insolente et égoïste individualité humaine; je façonne l'imbécile humanité pour l'égalité. J'accouple et j'attelle les salariés et les capitalistes à l'élaboration du moule communiste de la future société.

13. — Les hommes ont chassé des cieux Brahma, Jupiter, Jehovah, Jésus, Allah; je me suicide.

---

(1) Cette prédiction des temps capitalistes, plus véridique que celle des prophètes annonçant la venue de Jésus, se trouve dans *les Travaux et les Jours* d'Hésiode.

14. — Lorsque le Communisme sera la loi de la société, le règne du Capital, le Dieu qui incarne les générations du passé et du présent, sera fini. Le Capital ne dominera plus le monde : il obéira au travailleur, qu'il hait. L'homme ne s'agenouillera plus devant l'œuvre de ses mains et de son cerveau ; il se redressera sur ses pieds et debout il regardera la nature, en maître.

15. — Le Capital sera le dernier des Dieux.

XX

V

Prières capitalistes.

I. — ORAISON DOMINICALE.

Capital, notre père, qui êtes de ce monde. Dieu tout-puissant, qui changez le cours des fleuves et percez les montagnes, qui séparez les continents et unissez les nations ; créateur des marchandises et source de vie, qui commandez aux rois et aux sujets, aux patrons et aux salariés, que votre règne s'établisse sur toute la terre.

Donnez-nous beaucoup d'acheteurs prenant nos marchandises, les mauvaises et aussi les bonnes ;

Donnez-nous des travailleurs misérables acceptant sans révolte tous les travaux et se contentant du plus vil salaire ;

Donnez-nous des gogos croyant en nos prospectus ;

Faites que nos débiteurs payent intégralement leurs dettes (1) et que la Banque escompte notre papier ;

------

(1) Le *Pater noster* des chrétiens, rédigé par des mendiants et des vagabonds pour de pauvres diables accablés de dettes, demandait à Dieu la remise des dettes : *dimite nobis debita nostra,* dit le texte latin. Mais quand des propriétaires et des usuriers se convertirent au christia-

Faites que Mazas ne s'ouvre jamais pour nous et écartez de nous la faillite;

Accordez-nous des rentes perpétuelles.

Amen.

II. — CREDO.

Je crois au Capital qui gouverne la matière et l'esprit ;

Je crois au Profit, son fils très légitime et au Crédit, le Saint-Esprit, qui procède de lui et est adoré conjointement ;

Je crois à l'Or et à l'Argent, qui, torturés dans l'Hôtel de la Monnaie, fondus au creuset et frappés au balancier, reparaissent au monde Monnaie légale, et qui, trouvés trop pesants, après avoir circulé sur la terre entière, descendent dans les caves de la Banque pour ressusciter Papier-monnaie ;

Je crois à la Rente cinq pour cent, au quatre et au

---

nisme, les pères de l'Église trahirent le texte primitif et traduisirent impudemment *debita* par péchés, offenses. Tertullien, docteur de l'Église et riche propriétaire, qui sans doute possédait des créances sur une foule de personnes, écrivit une dissertation sur l'*Oraison dominicale* et soutint qu'il fallait entendre le mot *dettes* dans le sens de péchés, les seules dettes que les chrétiens absolvent. La religion du Capital, en progrès sur la religion catholique devait réclamer l'intégral paiement des dettes ; le crédit étant l'âme des transactions capitalistes.

trois pour cent également et à la Cote authentique des valeurs ;

Je crois au Grand-Livre de la Dette publique, qui garantit le Capital des risques du commerce, de l'industrie et de l'usure ;

Je crois à la Propriété individuelle, fruit du travail des autres et à sa durée jusqu'à la fin des siècles ;

Je crois à la nécessité de la Misère, pourvoyeuse de salariés et mère de surtravail ;

Je crois à l'Éternité du Salariat qui débarrasse le travailleur des soucis de la propriété ;

Je crois à la Prolongation de la journée de travail et à la Réduction des salaires et aussi à la Falsification des produits ;

Je crois au dogme sacré : ACHETER BON MARCHÉ ET VENDRE CHER ; et pareillement je crois aux principes éternels de notre très sainte Église, l'Économie politique officielle. *Amen.*

III. — SALUTATION.

(Ave Miseria).

Salut, Misère, qui écrasez et qui domptez le travailleur, qui déchirez ses entrailles par la faim, tourmenteuse inlassable, qui le condamnez à vendre sa liberté et sa vie pour une bouchée de pain ; qui brisez l'esprit de révolte, qui infligez au producteur, à sa femme et à ses enfants les travaux forcés des bagnes capitalistes

salut, misère, pleine de grâces. Vierge sainte, qui en-
gendrez le Profit capitaliste, déesse redoutable qui
nous livrez la classe avilie des salariés, soyez bénie.

Mère tendre et féconde de Surtravail, génératrice de
rentes, veillez sur nous et les nôtres.

Amen.

IV. — ADORATION DE L'OR.

Or, marchandise miraculeuse, qui porte en toi les
autres marchandises;

Or, marchandise primigène, en qui se convertit toute
marchandise;

Dieu qui sait tout mesurer,

Toi, la très parfaite, la très idéale matérialisation
du Dieu-Capital,

Toi, le plus noble, le plus magnifique élément de la
nature,

Toi, qui ne connais ni la moississure, ni les cha-
rançons, ni la rouille;

Or, inaltérable marchandise, fleur flamboyante, rayon
radieux, soleil resplendissant; métal toujours vierge,
qui, arraché des entrailles de la terre, la mère antique
des choses, retourne t'enfouir, loin de la lumière, dans
les coffres-forts des usuriers et les caves de la Banque
et qui, du fond des cachettes où tu te tasses, transmets
au papier vil et misérable ta force qu'il double et qu'il
décuple;

Or inerte, qui remues l'univers, devant ton éclatante
majesté les siècles vivants s'agenouillent et t'adorent
humblement ;

Accorde ta grâce divine aux fidèles qui t'implorent
et qui pour te posséder sacrifient l'honneur et la vertu,
l'estime des hommes et l'amour de la femme de leur
cœur et des enfants de leur chair, et qui bravent le
mépris d'eux-mêmes.

*
* *

Or, maître souverain, toujours invincible, toi l'éternel
victorieux, écoute nos prières ;

Bâtisseur de villes et destructeur d'empires ;

Étoile polaire de la morale ;

Toi, qui pèses les consciences ;

Toi, qui dictes la loi aux nations et qui courbes sous
ton joug les papes et les empereurs, écoute nos prières ;

Toi, qui enseignes au savant à falsifier la science, qui
persuades à la mère de vendre la virginité de son enfant
et qui contraints l'homme libre à accepter l'esclavage
de l'atelier, écoute nos prières ;

Toi, qui achètes les arrêts du juge et les votes du
député, écoute nos prières ;

Toi, qui produis des fleurs et des fruits inconnus à la
nature ;

Qui sèmes les vices et les vertus ;

Qui engendres les arts et le luxe, écoute nos prières ;

Toi, qui prolonges les ans inutiles de l'oisif et qui
abrèges les jours du travailleur, écoute nos prières ;

Toi, qui souris au capitaliste en son berceau et qui frappe le prolétaire dans le sein de sa mère, écoute nos prières.

*
* *

Or, voyageur infatigable, qui te plais aux fourberies et aux chicanes, exauces nos vœux ;

Interprète de toutes les langues,

Entremetteur subtile,

Séducteur irrésistible,

Étalon des hommes et des choses, exauce nos vœux ;

Messager de paix et fauteur de discordes ;

Distributeur du loisir et du surtravail ;

Auxiliaire de la vertu et de la corruption, exauce nos vœux ;

Dieu de la persuasion, qui fais entendre les sourds et délies la langue des muets, exauces nos vœux ;

Or, maudit et invoqué par d'innombrables prières, vénéré des capitalistes et aimé des courtisanes, exauces nos vœux ;

Dispensateur des biens et des maux ;

Malheur et joie des hommes ;

Guérison des malades et baume des douleurs, exauces nos vœux ;

Toi qui ensorcelles le monde et pervertis la raison humaine ;

Toi qui embellis les laideurs et pares les disgrâces ;

Porte respect universel, qui rends honorables la honte

et le déshonneur et qui fais respectables le vol et la prostitution, exauces nos vœux;

Toi qui combles la lâcheté des gloires dues au courage;

Qui accordes à la laideur les hommages dus à la beauté;

Qui fais don à la décrépitude des amours dus à la jeunesse;

Magicien malfaisant, exauces nos vœux;

Démon qui déchaînes le meurtre et souffle la folie, exauces nos vœux;

Flambeau qui éclaires les routes de la vie;

Guide et protecteur et salut des capitalistes exauces nos vœux.

**
* *

Or, roi de gloire, soleil de Justice;

Or, force et joie de la vie. Or illustre, viens à nous;

Or, aimable au capitaliste et redoutable au producteur, viens à nous;

Miroir des jouissances;

Toi qui donnes au fainéant les fruits du travail, viens à nous;

Toi qui emplis les celliers et les greniers de ceux qui ne bêchent, ni ne taillent les vignes; de ceux qui ne labourent, ni ne moissonnent, viens à nous;

Toi qui nourris de viande et de poisson ceux qui ne mènent paître les troupeaux, ni ne bravent les tempêtes de la mer, viens à nous;

Toi, la force et la science et l'intelligence du capitaliste, viens à nous;

Toi, la vertu et la gloire, la beauté et l'honneur du
capitaliste, viens à nous;

Oh ! viens à nous, Or séduisant, espérance suprême,
commencement et fin de toute action, de toute pensée,
de tout sentiment capitaliste.

Amen.

XX

VI

Lamentations de Job-Rothschild, le Capitaliste.

Capital, mon Dieu et mon maître, pourquoi m'as-tu abandonné? Quelle faute ai-je donc commise pour que tu me précipites des hauteurs de la propriété et m'écrases du poids de la dure pauvreté?

N'ai-je pas vécu selon ta loi? — mes actions n'ont-elles pas été droites et légales?

Ai-je à me reprocher d'avoir jamais travaillé? N'ai-je pas pris toutes les jouissances que permettaient mes millions et mes sens? — N'ai-je pas tenu à la tâche nuit et jour, des hommes, des femmes et des enfants tant que leurs forces pouvaient aller et au-delà? Leur ai-je jamais donné mieux qu'un salaire de famine? Est-ce que jamais je me suis laissé toucher par la misère et le désespoir des mes ouvriers?

Capital, mon Dieu, j'ai falsifié les marchandises que je vendais, sans me préoccuper de savoir si j'empoisonnais les consommateurs; j'ai dépouillé de leurs capitaux les gogos qui se sont laissé prendre à mes prospectus.

Je n'ai vécu que pour jouir et pour me laisser enrichir; et tu as béni ma conduite irréprochable et ma
vie louable en m'accordant femmes, enfants, chevaux
et valets, les plaisirs du corps et les jouissances de la
vanité.

Et voilà que j'ai tout perdu, tout, et que je suis devenu un objet de rebut!

Mes concurrents se réjouissent de ma ruine et mes
amis se détournent de moi; ils me refusent jusqu'aux
conseils inutiles, jusqu'aux reproches; ils m'ignorent.
Mes maîtresses m'éclaboussent avec les voitures ache-
tées de mon argent.

La misère se referme sur moi et, comme les murs
d'une prison, elle me sépare du reste des hommes. Je
suis seul et tout est noir en moi et hors de moi.

Ma femme, qui n'a plus d'argent pour se farder et se
déguiser le visage, m'apparaît dans toute sa laideur.
Mon fils élevé pour ne rien faire, ne comprend même
pas l'étendue de mon malheur, — l'idiot! Les yeux
de ma fille coulent comme deux fontaines au souvenir
des mariages manqués.

Mais que sont les malheurs des miens auprès de mon
infortune? Là, où j'ai commandé en maître, on me
chasse quand je viens m'offrir comme employé!

Tout est pour moi puanteur et ordure dans mon taudis;
mon corps endolori par la dureté du lit et mordu par les
punaises et les insectes immondes ne trouve plus de
repos, mon esprit ne goûte plus le sommeil qui apporte
l'oubli.

Oh! qu'ils sont heureux les misérables qui n'ont

jamais connu que la pauvreté et la saleté. Ils ignorent ce qui est délicat, ce qui est bon; leur épiderme épaissi et leurs sens abêtis n'éprouvent aucun dégoût.

Pourquoi m'avoir fait savourer le bonheur pour ne m'en laisser que le souvenir, plus cuisant qu'une dette de jeu?

Mieux eut valu, ô Seigneur, me faire naître dans la misère que me condamner à y croupir après m'avoir élevé dans la fortune.

Que puis-je faire pour gagner mon misérable pain?

Mes mains, qui n'ont porté que des bagues et qui n'ont manié que des billets de banque, ne peuvent tenir l'outil. Mon cerveau, qui ne s'est occupé qu'à fuir le travail, qu'à se reposer des fatigues de la richesse, qu'à échapper aux ennuis de l'oisiveté et qu'à surmonter les dégoûts de la satiété, ne peut fournir la somme d'attention nécessaire pour copier des lettres et additionner des chiffres.

Mais, Seigneur, se peut-il que tu frappes si impitoyablement un homme qui n'a jamais désobéi à un de tes commandements?

Mais c'est mal, c'est injuste, c'est immoral que je perde les biens que le travail des autres avait si péniblement amassé pour moi.

Les capitalistes, mes semblables, en voyant mon malheur sauront que ta grâce est capricieuse, que tu l'accorde sans raison et que tu la retires sans cause.

Qui voudra croire en toi?

Quel capitaliste sera assez téméraire, assez insensé pour accepter ta loi, pour s'amollir dans la fainéantise, les plaisirs et l'inutilié, si l'avenir est si incertain, si menaçant, si le vent le plus léger qui souffle à la Bourse renverse les fortunes les mieux assises, si rien n'est stable, si le riche du jour sera le ruiné du lendemain?

Les hommes te maudiront, Dieu-Capital, en contemplant mon abaissement; ils nieront ta puissance en calcu'ant la hauteur de ma chute, ils repousseront tes faveurs.

Pour ta gloire, replace-moi en ma position perdue, relève-moi de mon abjection, car mon cœur se gonfle de fiel et des paroles de haine et des imprécations se pressent sur mes lèvres.

Dieu farouche, Dieu aveugle, Dieu stupide, prends garde que les riches n'ouvrent enfin les yeux et ne. s'aperçoivent qu'ils marchent insouciants et inconcients sur les bords d'un précipice; trembles qu'ils ne t'y jettent pour le combler, qu'ils ne se joignent aux communistes pour te supprimer!

Mais quel blasphème ai-je proféré! Dieu puissant, pardonne-moi ces paroles imprudentes et impies.

Tu es le maître, qui distribues les biens sans qu'on les mérite et qui les reprends sans qu'on les démérite, tu agis selon ton bon plaisir, tu sais ce que tu fais.

Tu m'écrases pour mon bien, tu m'éprouves dans mon intérèt.

O Dieu doux et aimable, rends-moi tes faveurs : tu es la justice et, si tu me frappes, j'ai dû commettre quelque faute ignorée.

O Seigneur, si tu me redonnais la richesse, je fais vœu de suivre plus rigoureusement ta loi. — J'exploiterais mieux et davantage les salariés ; je tromperais plus astucieusement les consommateurs et je volerais plus absolument les gogos.

Je te suis soumis, comme le chien au maître qui le bat, je suis ta chose, que ta volonté s'accomplisse.

UN APPÉTIT VENDU

AVANT-PROPOS

Il y a des années, un employé de Charenton me communiquait un manuscrit que lui avait confié un des pensionnaires de l'hospice, mort dans une camisole de force. Son auteur, Émile Destouches, n'avait jamais été fou, m'affirmait-il, il avait, sans doute, été enfermé par ordre supérieur; car, durant sa captivité, on le tint isolé, sous la surveillance d'un gardien spécial, venu du dehors.

Les cent trois feuillets, que me remit l'infirmier et que je possède encore, sont crayonnés d'une main fiévreuse, on les dirait écrits à la hâte, en cachette et dans une demi-obscurité : ils contiennent le récit qui suit. Il me parut tellement étrange, que jusqu'ici, j'ai hésité à le publier ; mais les dernières études des aliénistes sur l'hypnotisme et le dualisme cérébral, ont révélé des phénomènes si curieux, que toutes les idées courantes sur la conscience, le libre arbitre et même sur l'individualité humaine sont bouleversées; je crois rendre service à la science physiologique en imprimant l'histoire d'Émile Destouches. — Je rappellerai que Chamisso, Mary Shelley, Hoffman, Balzac et récemment Besant et Rice ont rapporté des cas analogues : c'est aux médecins à ramasser et à comparer ces faits extraordinaires, constatés par des hommes dignes de créance, à les étudier et à les rattacher aux miracles religieux, qu'ils dépouillent de leur caractère surnaturel.

J'ai dû déchiffrer, débrouiller et raccorder le manuscrit; mais autant qu'il m'a été possible, j'ai respecté la forme du prisonnier — le lecteur jugera si je dois dire — du fou de Charenton. J'ai mis sa narration à la troisième personne et j'ai supprimé les descriptions pathologiques trop réalistes et trop répugnantes pour le lecteur qui n'étudierait pas la médecine.

P. L.

I

Un appétit vendu.

On était au mois de décembre; il faisait froid et terriblement faim pour Emile Destouches. La neige blanchissait le pavé des rues et les étoiles diamantaient un ciel d'une clarté impitoyable; un vent glacial transperçait les paletots les plus épais et forçait les rares promeneurs à hâter le pas. La face bleuie, les dents claquant et tous les membres grelottant, Emile restait planté devant la vitrine de Chevet, éblouissante de lumière. Un esturgeon de cinq pieds étalait sa grandiose majesté sur un lit d'herbes; des poulardes blanches et dodues, les jambes en l'air, exposaient innocemment leurs derrières; des alouettes, des vanneaux et des ortolans s'enmaillotaient de bardes de lard; des pommes luisantes et des poires glorieuses enveloppées de dentelles de papier reposaient mollement dans la ouate des corbeilles.

Un pâté pantagruélique flanqué de saucissons argentés et de mortadelles mouchetées absorbait toute son attention ; le pâté éventré exposait ses chairs roses, veinées de foies gras et marbrées de truffes. Emile écarquillait ses yeux goulus et serrait ses trente-deux dents longues et aiguës. — Depuis trois jours le malheureux n'avait pas mangé : une faim furibonde tordait et lacérait ses entrailles, contractait les muscles de ses mâchoires et emplissait sa bouche de salive. Il était là, sans mouvement, insensible au froid, pétrifié devant la matière divine qui apaiserait sa faim, supprimerait ses souffrances et emplirait son être des délices de la terre ; une glace fragile le séparait de l'objet de ses ardentes convoitises ; un coup de poing et il brisait la vitre et il s'emparait du pâté tant désiré ; il n'avait même qu'à tourner le bec de la porte, la pousser, étendre le bras, saisir et porter à la bouche la joie de son estomac ; cependant il restait toujours là, figé sur place, rassasiant l'envie de ses yeux et exascerbant la faim de son ventre. — Le lâche !

— L'homme de la nature, le sauvage, aurait pris, mangé et dit simplement : J'ai faim ! — Mais la peur du sergot et la crainte de l'indignation morale des foules civilisées pour tout flagrant délit lui cassaient bras et jambes, paralysant et étouffant les cris impérieux de la nature. Et pourtant qu'avait-il à craindre, le malheureux ? Il mourait de faim et pour en finir avec son supplice, il songeait au suicide.

— A quoi bon vivre ! — Je trouverais de quoi manger, ce soir ; que j'aurais à affronter la faim de demain, d'après demain, de toujours ! Pourquoi s'acharner à vivre, quand on a perdu toutes les raisons de vivre, quand la vie n'est que misère!... Il faut en finir!... Misérable affamé, mange des yeux ton dernier repas !

Dans sa fièvre, il parlait à haute voix.

Un monsieur, qui approchait de la cinquantaine, grand et gras à lard, la barbe et les cheveux noirs, le visage bouffi, le ventre énorme, contenu difficilement dans un vaste paletot, boutonné avec peine, l'observait attentivement. Il posa la main sur l'épaule d'Emile.

— Vous voulez vous tuer?

— Oui, répondit-il machinalement.

— Vous voulez vous tuer parce que vous avez faim?

— Oui.

— Vous êtes jeune, bien bâti; vous êtes l'homme que je cherche; suivez-moi.

Emile crut à un sauveur providentiel : il obéit avec empressement. L'inconnu entra chez Véfour, monta au premier, s'installa dans un cabinet particulier et d'un geste amical invita le jeune homme à s'asseoir. Un petit pain était sur la table, l'affamé y mordit à pleines dents.

— Un peu de patience, mon ami, ménagez votre appétit, ce plus précieux des biens; attendez le consommé de volailles.

En un clin d'œil Emile lampa l'assiettée de soupe; les huitres arrivèrent.

— Vous vous bourrez!... mais c'est un meurtre que de manger les ostendes avec du pain; savourez-les nature.

Le gros homme ne prenait rien; fasciné, il contemplait, surveillait et conseillait son convive.

— Modérez-vous... Ne revenez plus à ce chaud froid de cailles... Réservez-vous pour la poularde du Mans... Rapppelez-vous que la salade de langouste vous attend.

Ainsi qu'un habile jockey contient l'ardeur de son pur sang, il tempérait la voracité du jeune homme; il voulait par des arrêts calculés et des lenteurs savantes prolonger son bonheur et lui en faire déguster longuement les moments. Emile à maintes reprises essaya de remercier son singulier bienfaiteur.

— Ne distrayez pas votre appétit par des paroles : vous n'en posséderez pas souvent dans d'aussi bonnes conditions ; je donnerais mille francs, dix mille francs pour un appétit de la capacité du vôtre. — Manger est le devoir suprême. — Toutes les religions en ont fait un rite sacré; la cérémonie la plus solennelle du catholicisme, est la communion, la manducation de Dieu, la cène théophagique. On ne devrait manger que dans un religieux silence, afin que la pensée se concentrât toute entière sur l'acte que l'on accomplit. Les moines, ces maîtres sublimes de l'art gastronomique, imposaient le silence dans le réfectoire.

— Ouf! Je n'en puis plus !... Je vous dois des remerciements....

— Réservez-les pour une meilleure occasion : comme je ne suis ni un libre-penseur philanthrope, ni un chrétien charitable, je n'ai que faire de votre reconnaissance... Vous avez apaisé votre ventre et reconquis vos oreilles : écoutez moi. Quand avec des regards brûlants à faire fondre la graisse des jambons, vous contempliez la devanture de Chevet, je me disais avec envie : — Si

je possédais un tel appétit !... L'or, j'en ai plus qu'un
juif, procure le plaisir de l'intelligence et des sens ; je
m'en moque : l'appétit est au-dessus de l'esprit, au-
dessus de l'amour... Je ne vis que par le ventre et pour
le ventre ; je ne jouis que lorsque je mange, que lorsque je bois ; le reste n'est que vanité.... Je suis Sch'^',
c'est vous dire que ma fortune est étourdissante ; je ne
connais pas le nombre de mes millions : à trente-deux
ans j'étais le roi de la houille et du fer. Je puis m'enivrer des baisers de l'amour et des fumées de l'ambition ; je puis cueillir toutes les joies de la terre ; mais je
les méprise toutes, toutes, entendez-vous. Les plaisirs
après lesquels les hommes courent je les donnerais tous
pour un dîner de mon chef de cuisine, l'ingénieux et
savant chimiste, le seul homme que j'aime et que j'estime. Si Salomon, que Jehovah toucha de sa sagesse,
désenchanté des hommes et de Dieu et blasé des réali-
tés de la vie et des rêveries de l'intelligence a pu s'é-
crier : — Tout n'est que vanité ! — c'est qu'il n'avait
épuisé que les jouissances de l'amour, les plaisirs de la
raison et les satisfactions de la toute-puissance, c'est
qu'il ignorait les suprêmes délices de la table. — Qu'est
l'amour ? un plaisir misérable et fugitif : il commence
à peine, que toc ! toc ! le voilà dissipé, évanoui, fini !
Mais à côté, les jouissances de l'estomac paraissent
éternelles ; elles durent des heures délicieuses. Le vulgaire a été plus sage que Salomon ; toutes les nations,
le nègre d'Afrique aussi bien que le jaune de Chine, ont
pris pour signe visible de la supériorité sociale le ventre
entripaillé, le ventre énorme et rond comme le globe.

La bourgeoisie capitaliste, la classe qui domine le monde, la classe dont je suis un des hauts et puissants représentants, s'est déchargée de tout travail intellectuel et manuel pour se consacrer au développement exclusif du ventre, pour créer la race des ventripotents. Savez-vous quel est le fait le plus remarquable de cette fin de siècle, le fait qui caractérise le mieux notre époque ?... Ce n'est ni la découverte du téléphone, ni l'invention de la dynamite, ni le soulèvement de la Commune, ni la défaite de Sedan ; c'est cette petite médaille que des artistes, des lettrés, des journalistes, des philosophes, des savants, la fine fleur de la bourgeoisie intellectuelle et raffinée, firent frapper, pour rappeler aux siècles à venir, qu'en plein Paris assiégé, bombardé, ensanglanté, palpitant de la fièvre des batailles et hurlant la faim, ils ont comme à l'ordinaire bien mangé et bien bu : il leur a fallu une sublime magnanimité d'âme pour s'élever ainsi au-dessus des misères et des douleurs qui les environnaient afin de remplir avec sérénité et liberté d'esprit la première et la plus importante des fonctions humaines ! (1)

Les Indiens, ces métaphysiciens abstracteurs de quintescence, arrivent à l'extase la plus mystique par la contemplation du nombril, le point central du ventre humain. Le ventre est le seul vrai Dieu de l'humanité : ce n'est que pour le satisfaire qu'on laboure la terre et

---

(1) La médaille dont parle Sch*** (jamais Destouches n'écrit son nom en toutes lettres) fut frappée à la Mon-

qu'on traverse les mers. Le ventre est le ressort incas
sable et toujours tendu des actions humaines, c'est pour
le gorger qu'on transporte et qu'on assemble dans les
grandes capitales les produits de tous les climats ; ses
besoins et ses appétits nombreux, voraces et sans cesse
renaissants unissent fraternellement les peuples de
l'univers... Le diable m'emporte, je crois que je fais un
discours. Ce sujet me lance toujours dans l'idéal, reve-

---

naie de Paris, en l'honneur du restaurateur Paul Brébant ; on lit sur la face :

Pendant
le siège de Paris
quelques personnes ayant
coutume de se réunir chez M. Brébant
tous les quinze jours, ne se sont pas une seule
fois aperçu qu'elles dînaient dans
une ville de deux millions
d'âmes assiégée
1870-71

Sur le revers :

A Monsieur Paul Brébant.

Ernest Renan,	Ch. Edmond,
Paul de St-Victor,	Thurot,
M. Berthelot,	Marey,
Ch. Blanc,	E. de Goncourt,
Scherer,	J. Bertrand,
Dumesnil,	Théophile Gauthier,
A. Nefftzer,	A. Hébrard.

nons au terre-à-terre.... Ah ! le triste animal que l'homme ! Combien imparfait, combien inférieur aux autres bêtes de la terre : la nature l'a traité en marâtre ; elle ne lui a donné ni l'interminable gosier de la giraffe pour déguster longuement et lentement le bouquet des vins, ni l'estomac chaud et insatiable du canard, pour toujours digérer sans se lasser ; elle a traité plus durement ce prétendu roi de la création que les vers intestinaux, que les tœnias, ces bienheureux mortels qui se baignent dans leur fluide nourricier mangeant et buvant par tous les pores et toujours !... L'estomac de l'homme est limité, misérablement limité et pour comble de malheurs nous avons les yeux plus gros que le ventre : mais, si mon estomac participe aux faiblesses humaines, je puis au moins étendre et renforcer sa puissance en achetant l'appétit d'autrui, ainsi que les capitalistes, mes confrères, achètent la vertu et la conscience de leurs semblables. Je vous propose donc de me vendre votre force digestive, comme mes ouvriers me vendent leurs forces musculaires, mes ingénieurs leurs forces intellectuelles, mes caissiers leur honnêteté et les nourrices qui élèvent mes enfants leur lait et leurs soins maternels.

. — Est-ce possible !

. — Parfaitement. Vous produirez et fournirez l'appétit, moi je mangerai et boirai pour vous et vous serez rassasié. Les moralistes, qui sont de malencontreux et funèbres bipèdes, enseignent gravement le mépris de ce qu'ils nomment dédaigneusement, les plaisirs de la gueule ; vous êtes assez jeune et assez naïf pour donner dans ces travers. Vendez-moi votre appétit, qui vous condamne au travail et à la misère et vous aurez de l'or pour vous payer les plaisirs dont vous êtes sevrés ; je vous servirai une rente mensuelle de 1,500 francs.

— Mais...

— Pas de mais : vous trouvez la somme trop faible? mettons deux mille. Réfléchissez; si vous repoussez mon offre, vous ne saurez où dormir ce soir et où déjeuner demain, et si vous topez au marché les belles filles du boulevard vous accueilleront dans leur lit.

Les yeux de Destouches flambaient.

— Deux mille francs ! deux mille francs par mois, ça me va ! Que faut-il que je fasse ?

— Signer un contrat par devant notaire. Ne me dévisagez pas ainsi ; je ne suis pas Satan, que diable !... Je ne suis qu'un simple mortel, tel que vous, Mais aucun être vivant ne possède mon pouvoir; ma science surpasse celle des autres hommes. La toute puissance de Napoléon Ier et toute la science de Darwin ne leur donnaient pas le pouvoir de diner deux fois par jour; moi je possède cette mystérieuse et précieuse faculté. Le xixe siècle, ainsi que le déclarait le grand philosophe de la Bourgeoisie, Auguste Comte, est le siècle de l'*altruisme ;* en effet, jamais à aucune époque, on n'a su si complètement tirer parti d'autrui. L'exploitation de l'homme par le capitaliste s'est si perfectionnée que les qualités les plus personnelles, les plus inhérentes à l'individu ont pu être utilisées au profit d'autrui. Le capitaliste pour défendre sa propriété ne se repose plus sur son courage, mais sur celui des prolétaires, déguisés en soldats; le banquier con-

somme l'honnêteté de son caissier, et l'industriel la
force vitale de ses ouvriers, comme les débauchés usent
du sexe des Vénus du macadam. Cependant deux facultés échappent encore à l'altruisme capitaliste, la faculté gestatrice de la femme et la faculté digestive :
personne n'a pu encore les transformer en marchandises, les rendre vendables et achetables, comme le sont
déjà l'innocence de la vierge, la vertu du prêtre, la conscience du député, l'esprit de l'écrivain et l'intelligence du
chimiste. L'homme qui accomplira ce miracle sera plus
grand que Charlemagne et plus savant que Newton ; il
sera le plus bienfaisant des bienfaiteurs des classes pauvres. Alors la femme riche ne déformera plus sa taille à
porter dans ses flancs pendant de longs et douloureux
mois, le fruit de ses entrailles ; elle déposera dans la
matrice d'une pauvresse son œuf fécondé, et pendant
les neuf mois que la mercenaire de l'utérus engraissera
avec le sang de sa chair le fœtus de la capitaliste, elle
fera une halte dans la misère ; pour la première fois elle
se reposera, mangeant et buvant à son content. Le pauvre n'aura plus à redouter son terrible ennemi, la
faim ; il cultivera son appétit, qui sera la marchandise
recherchée par le millionnaire, toujours en quête de ce
souverain bien, que la philosophie grecque n'a pas su
découvrir. Quel gagne-pain auront alors les pauvres !

— Moi je sais l'art bienfaisant de faire digérer par autrui ce que je mange ; je ne révélerai ce secret qu'à
mon lit de mort.

— Vous plaisantez.

— Non, mon cher, faire digérer par autrui les mets

que prend mon estomac, n'est en définitive ni plus mer-
veilleux, ni plus incompréhensible que de faire exécuter
à Londres ou à New-York, grâce au télégraphe, la pensée
que conçoit mon cerveau, et à l'instant qu'il la conçoit.
Je plaisante si peu, que voici les deux milles francs du
premier mois.

Sch*** et Destouches se transportèrent dans l'étude de
M° Gabarit, qui dressa un acte méticuleusement libellé
que signèrent et paraphèrent les deux échangistes.
Emile Destouches vendait pour cinq ans son appétit à
raison de deux mille francs par mois, que devait lui
payer d'avance Sch***. Le contrat conclu, Emile but un
breuvage qui le plongea dans un lourd sommeil. Il se
réveilla au café de la Paix, assis devant deux bocks et
une grosse fille qui riait bêtement pour étaler son éclatant ratelier. Il crut rêver; il se tâta, se palpa; il tinti-
nabula dans ses poches les pièces d'or qu'il venait de
recevoir, il n'avait plus faim; c'était donc arrivé. Le
diable seul sait où il acheva la soirée si étrangement
commencée.

II

Tout beau, tout nouveau, dit la sagesse des nations.
Les commencements de sa nouvelle existence enchan-
tèrent Emile Destouches : à dix heures du matin, ainsi
qu'un croyant que visite l'extase, il sentait descendre
en son estomac des mets et des boissons qu'il ne mangeait, ni ne buvait; il ne percevait ni leur senteur, ni
leur saveur, mais il avait charge de les digérer : son

estomac s'emplissait par une opération aussi mystique que celle qui féconda la vierge Marie et donna un petit Jésus à Joseph.

Les repas qu'il prenait par la bouche et le gosier de son maître loueur duraient deux heures ; la tête alourdie et les membres allanguis, il somnolait une partie de la journée, digérant lentement et péniblement les viandes et les vins que l'autre avait ingurgités. Vers les trois heures il partait pour une longue promenade afin de dégourdir son ventre gorgé : ainsi l'exigeait une des clauses du contrat. Le soir son estomac se remplissait et il retombait dans son engourdissement ophidien. Ces mangeailles gargantuesques ne déplaisaient pas à sa vigoureuse nature paysanne, et entre temps il saisissait au passage les plaisirs dont la misère l'avait privé ; il s'habillait avec élégance et courait les filles.

— Je ne suis plus qu'un sac à victuailles, se disait-il ; ma vie est celle des canards que l'on gave pour leurs foies gras ; je ne déguste les vins, ni ne goûte les mets, dont mon patron m'inflige la digestion. Bast ! les gens qui ont perdu l'odorat sont dans mon cas ; et puis, ça ne durera que cinq ans ; pendant ce temps de travaux forcés de l'estomac, non seulement je serai débarrassé du travail de la mastication et de l'abrutissante préoccupation du pain quotidien à procurer, mais j'économiserai des dix et des vingt mille francs par an. Les ouvriers que l'on condamne, leur vie durant, aux travaux forcés de la mine et de l'atelier envieraient mon sort.

Il essayait ainsi de se consoler en comparant son tra-

vail à celui des autres salariés ; il se disait que sa servitude était temporaire et que lorsqu'elle prendrait fin,
il aurait amassé un joli magot qui lui permettrait de
vivre en bourgeois, à ne rien faire.

Les exercices en plein air et les travaux de Vénus
auxquels il se livrait n'empêchèrent pas ce système
d'engorgement de réagir sur sa robuste santé : il s'em-
pâtait ; son estomac devenait paresseux, son humeur
hypochondriaque. Maitre Gabarit, chez qui il touchait
sa mensualité, le reprimanda vertement, lui repro-
chant ses nuits blanches en compagnie de drôlesses ; les
excès vénériens émoussaient son appétit et débilitaient
sa puissance stomacale, qui ayant été vendue, ne lui
appartenait plus ; il devait se considérer dans la position d'un valet de ferme, loué à l'année, ne pouvant
disposer ni de son temps ni de ses forces à sa fantaisie,
mais devant les régler selon les besoins de celui qui le
salariait. Emile songea alors au mariage et à la vie
champêtre.

— Je chasserai, je monterai à cheval, je labourerai mes
terres ; mon estomac retrouvera sa vigueur d'autrefois
et supportera sans lassitude les gueuletons du patron.

Il réduisit ses passades d'amour et redoubla ses exercices de gymnastique ; mais à mesure qu'il fortifiait
son estomac et en agrandissait la capacité digestive, son
employeur augmentait la quantité de victuailles qu'il
entonnait.

Le notaire lui dénicha une demoiselle à marier, d'apparence agréable, de famille respectable et de dot ron-
delette. Les conditions du contrat de mariage débattues

et arrêtées, on s'occupa de la présentation officielle des fiancés. Emile, pommadé, brossé, astiqué, arriva, rayonnant d'espérance, il se voyait propriétaire foncier, surveillant l'emblavure de ses champs et l'élève de ses bestiaux. Il y avait trois heures que le patron avait mis dans son estomac la dernière bouchée de son déjeuner d'ogre et selon son habitude il devait laisser à son salarié le temps de le digérer. Mais à peine entré dans le salon de sa future belle-mère, Destouches sentit son estomac encore surchargé, s'emplir de nouveau. Son patron venait d'éprouver des contrariétés et son humeur était massacrante ; pour dissiper ses ennuis il s'attabla et se remit à manger et à boire avec rage : les gueulées et les rasades qu'il avalait étaient énormes et se succédaient sans relâche. Le pauvre Emile n'en pouvait plus ; les parois de son estomac se distendaient à rompre ; il s'affala dans un fauteuil, exudant par tous les pores une sueur glaciale et fétide ; des nausées soulevaient son cœur ; il ne put y résister. Ramassant ses forces détendues, il s'élança hors du salon et dans les escaliers, il rendit à gros bouillons les solides et les liquides que le patron engloutonnait. Mais à mesure qu'il désemplissait son estomac, son monstre, ainsi que les Danaïdes leur tonneau, continuait à l'emplir. Il salit et empuantit la maison : honteux, il se traîna jusque dans la rue et renonça à ses projets de mariage.

Un autre jour le patron mangeait des amandes en buvant des vins capiteux d'Espagne ; Destouches digérait à l'hippodrome de Longchamps, regardant les chevaux courir : tout d'un coup il perd la tête, bous-

cule les hommes, déchire les robes des femmes et giffle
un sergent de ville ; emballé, il va au violon cuver le
vin que le patron avait bu. Le lendemain on le mène
devant le juge.

— Pourvu que mon ivrogne ne recommence pas ses
libations, murmura-t-il.

Ce qu'il craignait, arriva. Les fumets du vin qui lui
mortaient de l'estomac, l'enivrent de nouveau ; il
insulte le tribunal et séance tenante, il attrape deux
ans de prison, pour injures à la magistrature ; mais
trois jours après son tout puissant maître le fit relâcher.

Le travail gastrique de Destouches devenait de jour
en jour plus difficile et plus pénible : l'ogre répétait ses
repas quatre et cinq fois par vingt-quatre heures et
maintes fois il buvait jusqu'à l'enivrer. Emile recourait
pour se soulager au procédé des Romains, il se faisait
vomir, mais chaque fois qu'il déchargeait son estomac,
son bourreau le rechargeait. Sa vie était intolérable.
La vue de toute nourriture, même celle du pain lui donnait des nausées. Le dégoût des blasés et des impuis-
sants pour la multitude et pour tout ce qui vit, crie et
se meut avait envahi son âme ; il fuyait la société des
hommes et le voisinage de leurs habitations : il vivait
seul, au milieu des champs, ne sortant que la nuit pour
ne pas rencontrer être qui vive, homme ou bête ; et
nuit et jour il travaillait à digérer les pantagruéliques
mangeailles de son employeur. La peur de la misère,
cette compagne fidèle de sa jeunesse, l'avait empêché
de briser son contrat, mais il s'avouait vaincu et mieux
valait les jours sans pain, que ce labeur épouvantable,

que cet estomac toujours digérant. Il se rendit chez maître Gabarit décidé à rompre ; le notaire lui déclara net que c'était impossible ; il était lié pour trois ans encore et dût-il mourir à la peine, il fallait aller jusqu'au bout. En manière de consolation il ajouta :

— Vous vous plaignez d'être réduit à n'être qu'un boyau qui digère ; mais tous ceux qui gagnent leur vie en travaillant sont logés à la même enseigne ; ils n'obtiennent leurs moyens d'existence qu'en se bornant à n'être qu'un organe fonctionnant au profit d'autrui : l'ouvrier est le bras qui forge, taraude, martèle, rabote, pioche, tisse ; le chanteur, le larynx qui vocalise, roucoule, file des notes ; l'ingénieur, le cerveau qui calcule, dresse des plans ; la fille de joie, l'organe sexuel qui débite le plaisir vénérien. Vous imaginez-vous que les clercs de mon étude utilisent leur intelligence, et qu'ils réfléchissent en copiant des actes : Oh ! que nenni ; penser n'est pas leur tâche ; ils ne sont que des doigts qui griffonnent. Ils exécutent dans mes bureaux, dix et douze heures durant, ce travail peu récréatif qui les dote de maux de tête, de gastralgie et d'hémorroïdes ; et le soir ils emportent chez eux des écritures à achever, afin de gagner quelques sous pour payer le propriétaire. Consolez-vous, mon cher monsieur, ces jeunes gens souffrent autant que vous, et pas un n'a la satisfaction de se dire qu'il reçoit par an la somme que vous touchez pour un seul mois de travail estomacal.

— C'est triste, triste jusqu'à en mourir : et je n'ai même pas la consolation de me croire le plus malheureux des hommes.

— Gravez en votre mémoire cette vérité : le pauvre n'existe plus pour lui-même dans nos sociétés civilisées, mais pour le capitaliste, qui à sa fantaisie ou selon ses besoins le fait travailler avec tel ou tel de ses organes.

Émile Destouches sortit de l'étude, navré. Il erra par les rues comme autrefois, lorsque la faim tenaillait ses entrailles. Jamais il ne s'était senti si misérable; le présent était sans joies et l'avenir sans espérance. Il constatait avec désespoir le rapide épuisement de ses forces, il était émacié à n'avoir plus que la peau sur les os, les aliments qu'il digérait ne le nourrissaient pas, ils ne faisaient que traverser son corps, laissant derrière eux une sourde sensation de faim et des maux de tête, qui le rendaient presque fou.

Tandis que, la mort dans l'âme, il marchait à l'aventure, son patron, son joyeux patron, mangeait et buvait et faisait tomber dans son estomac des masses d'aliments pesantes comme du plomb.

— Ah ! que de misères ! mon corps endolori, dégoutté de toutes choses voudrait s'arrêter pour souffrir en paix; mais le bourreau, à qui j'ai vendu plus que mon âme, m'impose sans cesse du travail... Dans la mort seul je trouverai le repos.

Fou de douleur et las de vivre, il allait le long des quais; l'eau l'attirait, il s'élança dans le fleuve. Repêché, on le transporta chez lui, calmé par le bain froid.

Le lendemain un gaillard solidement charpenté lui remit une lettre de Sch***; elle lui annonçait que dorénavant jusqu'à l'expiration de son contrat de servitude, il vivrait sous la surveillance du porteur de la lettre.

— Mon petit, lui dit brutalement son garde-chiourme, je suis ton contre-maître; plus de farces entends-tu. Tu ne t'appartiens plus, tu as vendu ton appétit et palpé 48 mille balles, tu as le devoir de vivre et tu n'as pas le droit de te périr. Si tu te détruisais que deviendrait le patron? Le cher homme, faudrait-il pas qu'il digère ce qu'il mange? Ça c'est pas possible. Pour que son ventre paresse, il faut que le tien s'échine. Je t'avertis qu'à la première récidive de suicide, je te coffre, comme fou; j'ai des ordres pour cela... Mais rassures-toi, tu ne feras pas de vieux os; j'ai gardé deux autres, avant toi; ils sont morts au galop. Notre bourgeois, quel ogre, tonnerre de Dieu!..., l'appétit lui vient en mangeant, ça lui coûte si peu, ce n'est pas lui qui attrape les indigestions. Il empiffre jusqu'à ce que la machine à digérer qu'il a acheté crève.

— Mourir d'indigestion! voilà mon avenir.

Une vie nouvelle commença. Ainsi que les artisans travaillant à domicile pour le patron, Émile avait jusque là vécu avec l'ombre de la liberté, mais à partir de ce jour, ainsi que le prolétaire emprisonné dans l'atelier patronal, il digéra sous l'œil d'un contre-maître. Accablé par les boustifailles monumentales de son employeur, il avait suspendu ses promenades hygiéniques, prescrites par le contrat; il passait ses jours et ses nuits, étendu tout de son long, ne bougeant que pour remplir les fonctions physiologiques les plus indispensables. Mais son garde-chiourme avait mission de veiller à la rigoureuse exécution du contrat de louage; il ne devait lui laisser perdre une minute du temps précieux qu'il avait vendu. Au petit jour, il le tirait du lit, l'obligeait à de longues courses dans les champs afin de préparer pour le patron un appétit matinal. L'après-midi, quand bondé jusqu'à la gorge et s'allongeant sur le dos, il aurait désiré rester immobile, il fallait se mettre en marche afin d'activer la digestion en train et afin de préparer pour son employeur un nouvel appétit frais et solide.

Emile eut des vélléités de révolte.

— Ne régimbes pas, mon petit, lui dit son contre-maître à la première tentative d'insubordination, tu as affaire à trop forte partie, tu serais brisé. J'ai en portefeuille les certificats de médecin, les ordres de la préfecture de police, la permission du juge, enfin tout le tremblement pour te flanquer à Charenton ; et là je te mènerai avec le bâton, comme les galériens. ֿ

Emile attéré, abruti, abattu, vivait sans volonté, toujours digérant, toujours souffrant, toujours tremblant ; il se couchait, se levait, marchait, s'arrêtait, s'asseyait au commandement du contre-maître, soumis et muet comme un caniche fouaillé qui n'ose aboyer.

Un matin le patron avait dévoré un déjeuner plus formidable que d'habitude ; il avait bâfré des soupières de bouillabaisse, engloutonné des platées de brandade, des kilos de viandes et des montagnes de macaroni. Emile était brisé, il dormit lourdement deux heures ; quand son contre-maître le mit sur pied pour la course réglementaire, cette masse énorme d'aliments indigestes, ainsi qu'un poids mort, pesait dans son estomac. Il allait pesamment à côté de son gardien, traî-

nant péniblement la jambe, la tête tristement penchée;
au tournant de la route, il se jeta dans une troupe
d'hommes et de femmes causant et riant. Sch*** se pa-
vanait au centre, le plus hilare; son rire large et
bruyant sonnait comme une fanfare, ses convives se
pâmaient à l'écouter.

— Quelle grossière gaieté, disait l'un d'eux : croirait-
on jamais que cet animal vient de se bourrer de victuailles qui auraient épouvanté dix paysans à jeun de
trois jours.

La vue du patron heureux et de bonne humeur, ins-
pire une résolution à Destouches, il fend la foule, se
jette à ses pieds. Il pleure, raconte ses douleurs, ses
dégoûts, implore miséricorde, supplie qu'on le délivre
de son abominable esclavage, offre de restituer l'argent
qu'il avait reçu; il ne demande qu'une grâce, se reposer,
ne plus digérer pour autrui.

— Que veut ce fou? dit Sch*** en le repoussant du pied.

Le gardien empoigne Emile par le collet, le soulève
de terre et l'entraîne à travers champs et une fois au
logis, il le roue de coups.

— Ça t'apprendra à troubler la digestion du patron.

Destouches s'était soumis passivement, comme un
morne bétail : mais il arrive que les moutons deviennent
enragés.

— J'ai travaillé, j'ai peiné pour que l'autre prît des
jouissances; j'ai tout supporté; quand, à bout de forces,
j'ai pleuré, j'ai supplié, on m'a battu. La mort est à
brève échéance... allons du courage; je n'ai rien à
perdre.

Echappant à la surveillance du contre-maître qu'il avait enivré, il court chez son bourreau. Sch*** jocose et rubicond, le corps dispos et la conscience satisfaite, allait se mettre à table. L'épouvante le saisit en voyant Emile Destouches échevelé, hagard, un pistolet au poing.

— Au secours!..... ne me tuez pas !

— Lâche, infâme, cochon, goinfre!... tu m'as martyrisé... tu as tué d'autres à la peine et tu en tuerais d'autres encore... tu ne mangeras plus !

D'un coup de revolver en plein ventre, il l'étendit à terre. Le croyant mort, il se rend au poste de police, raconte son histoire; le commissaire le croit fou ; son garde-chiourme arrive essoufflé, le confirme dans cette opinion, que des médecins aliénistes corroborèrent scientifiquement. Sch***, guéri de sa blessure, reprenait au bout de quelques semaines le cours de ses repas gargantuesques. Emile Destouches fut enfermé à Charenton et soumis au régime des douches et à la camisole de force pour avoir vendu son appétit.

PIE IX AU PARADIS

I

Le 13 décembre 1871, dans une salle du Vatican, deux vieillards l'un vêtu- de blanc, l'autre vêtu de rouge, parlaient :

Le vieillard blanc était si décrépit que par moments il perdait la mémoire et, comme les petits enfants, il répétait à plusieurs reprises les mots pour en comprendre le sens. Cet homme était l'Infaillible, le Pape-Dieu.

Le vieillard rouge avait la tête blanche mais la mine ferme et hautaine; il était le fidèle conseiller de Pie IX, le cardinal Antonelli; il attendait anxieux la mort de l'Infaillible pour monter sur le trône papal.

— Tout est perdu! tout est perdu! murmurait l'infaillible.

— Rien n'est perdu pour qui ne perd courage.

— Rien! — rien n'est perdu!... Que nous reste-t-il donc? Ces maudits, ces bandits m'ont arraché une à une mes provinces. Là, où pendant des siècles les papes mes prédécesseurs ont commandé en rois, je vis en prisonnier : à la porte du Vatican, d'où sortaient autrefois les papes dans la gloire et les pompes de ce monde, un soldat de l'Excommunié, de Victor-Emmanuel le maudit, monte la garde. Il m'a dépouillé, il m'a fait plus pauvre que Christ, aussi pauvre que Pierre, quand il pêchait avec ses filets pour gagner un morceau de pain.

— O Pape! tu possèdes ce que ne possédait pas Grégoire VII devant qui tremblaient les rois et les empereurs, comme les fauves des bois quand l'éclipse voile le soleil; tu possèdes ce qu'aucun pape, pour grand qu'il fut, n'a jamais possédé, tu es Infaillible. Tu es plus grand que le plus grand des mortels; tu es plus grand que Dieu. Son œuvre achevé, Dieu se repentit; il l'engloutit dans le déluge; toi, l'Infaillible, tu ne dois, tu ne peux te tromper, tu ne peux te repentir. Tu te plains, et tu es monté si haut que tu dépasses Dieu; il est ton serviteur, tu ordonnes et Dieu t'obéit.

— Et que m'importe la grandeur! que m'importe l'infaillibilité! si l'impitoyable vieillesse brise mon corps, emporte mes dents, obscurcit mes sens et ne me laisse qu'une sensation : la torpeur. Que m'importe la grandeur si les ulcères de mes jambes me clouent dans un fauteuil et m'enlèvent l'appétit, ce bien que possède le plus misérable des fils de la terre. C'était l'éternelle jeunesse, l'éternelle jouissance qu'il fallait me donner.

— Imbécile! que la mort est lente à achever ton corps qui déjà n'est qu'un sépulcre blanchi!... pensa l'homme rouge, irrité des lamentations continuelles du Saint-Père.

— A quoi bon l'infaillibilité ! continua en pleurant le Pape, si les vers sans yeux et sans oreilles dévorent demain la chair de l'Infaillible.

— Nous t'embaumerons, nous ne pétrifierons afin que la face du premier Infaillible vive à jamais. — Pourquoi pleurer comme une femme, quand tu devrais agir comme un homme ? Ton corps est faible parce que tu as laissé les mécréants abattre ton esprit. L'homme ne vit pas seulement de pain et de viande : tu retrouveras ta vigueur si tu reconquiers ton pouvoir ; si tu deviens plus puissant que les Léon, les Sixte, les Grégoire ; si en ta présence les grands parmi les grands s'inclinent ; si tu te dresses, seul debout, au milieu de la multitude humaine à genoux, le front dans la poussière.

— Qui fera ce miracle ? répliqua le Pape galvanisé par l'ardente ambition du serviteur qui fut son maître.

— La foi !

— Elle est morte.

— Morte ? Nous la ressusciterons. Pendant mille ans nous avons garotté l'humanité sur les chevalets ensanglantés ; de nouveau nous lui tenaillerons les chairs avec des fers rougis pour que la foi pénètre en son cœur. La foi est fille de la peur, nous ferons trembler les hommes.

— La force nous fait défaut.

— As-tu donc des yeux pour ne point voir ? Ne vois-tu pas que tout s'écroule ? Notre pouvoir est ébranlé,

chancelant, et pourtant c'est nous qui sommes les seuls
debout au milieu des civilisations en ruines, parce que
nous sommes les représentants de l'esprit des temps
passés, de l'esprit qui ne meurt pas, du passé qui
écrase l'atôme humain. Ne vois-tu pas que la bourgeoisie, cette bourgeoisie qui au siècle dernier triom-
phait de nous par l'esprit, le ridicule et le couperet de
la guillotine, hantée par les terreurs, regarde autour
d'elle et brame après un protecteur, après un sauveur ? Ne vois-tu pas que les rois, les empereurs,
sentant la terre trembler se tournent vers nous ?
Nous sommes l'ancre du salut, le hâvre de la bourgeoisie ; car nous conduisons le troupeau des humains
avec la peur de l'inconnu, nous savons les paroles
mystiques qui brisent les énergies, domptent les
volontés et forcent la bête humaine à lâcher la proie
pour l'ombre. Ne vois-tu pas que comme l'aiglon qui
se débat pour briser l'œuf, la noire classe des travailleurs s'agite convulsivement pour faire éclater le moule
de la vieille société. Toutes les classes privilégiées auront à s'unir pour étouffer le monstre avant qu'il
n'éclose. Ne vois-tu pas que la peur des revendications
prolétariennes, que la peur de l'Internationale, que la
peur du communisme a réuni en un seul faisceau les
intérêts des classes régnantes de tous les pays ? Pour
traquer le socialisme, la Sainte-Alliance est ressuscitée.
O Pape infaillible, c'est nous, l'esprit des temps passés,
qui prendrons la tête de la croisade contre les barbares
de la civilisation qui veulent détruire toute société,
toute morale, toute justice.

— Que faut-il faire ? s'écria le vieillard blanc transporté.

— Un miracle.

— Un miracle ? et la tête de l'Infaillible retomba inerte et sa voix s'éteignit.

— Oui, un grand miracle qui éblouisse la terre, qui jette la confusion dans les rangs ennemis.

— Mais les temps des miracles sont passés... Les os de Saint-Pierre faisaient des miracles ; les fidèles les adoraient ; les anatomistes sont venus, ils les ont pris dans leurs mains pestiférées, et ont blasphémé : « mais ce sont des os de moutons ! » et les os miraculeux ont suspendu leurs miracles. En France la vierge Marie apparut, parla, marcha, et les infidèles partirent d'un immense éclat de rire.

— Ces miracles sont des miracles de pacotille. Il nous faut un miracle pour de bon, un grand miracle.

— Monte au ciel et parle à Dieu comme il le mérite. Dieu prend son métier trop à son aise : parce qu'il a travaillé six misérables jours, il croit que pour lui tous les jours de l'année doivent être des dimanches et des lundis. Que dirait-il, que dirions-nous, si les ouvriers le prenaient pour exemple ; Dieu fainéante trop, secoues-le de sa paresse ; qu'il fasse quelque chose pour nous qui faisons tant pour lui ; que serait Dieu sans nous ? Il n'aurait même pas de nom dans la langue des hommes. Saint-Père monte au ciel et ramène-nous sur la terre Jésus ou l'Esprit-Saint ; avec eux nous ferons des miracles et ressusciterons la foi.

L'Infaillible était atterré.

— Monter au ciel ! moi, si vieux, si infirme ? répétait-il avec le geste et la voix de l'idiotie.

— L'air nouveau, les plaisirs du voyage te regaillardiront. Au ciel, Dieu touchera tes hémorroïdes. Le médecin te prédit une nouvelle fistule à l'anus ; le doigt du Tout-Puissant assainira ton fondement. Allons, dépêche-toi de monter au ciel, je gouvernerai à ta place.

La fistule était l'argument irrésistible d'Antonelli.

— Mais tu ne me mettras pas à la porte quand je reviendrai, dit l'Infaillible troublé.

— Oh ! Saint-Père, moi, votre fidèle serviteur !

— Bien ! je monterai au ciel. — Mais je te ferai surveiller, pensa l'homme blanc.

— Si tu pouvais te rompre le cou en route, répliqua mentalement l'homme rouge.

II

Le Pape, avant de prendre son billet pour l'autre monde, se vêtit de ses ornements les plus beaux ; par précaution il emplit sa bourse. Il se souvenait du conseil de l'hôtelier qui sacra Don Quichotte chevalier : un peu d'argent et quelques chemises sont indispensables en voyage.

Le Pape arriva à la porte du Paradis vers les onze heures du soir. Il y avait encore de la lumière dans la loge du concierge. Il frappa gentiment ; — pas de réponse. Il frappa rudement ; — Saint-Pierre s'empressa

d'ouvrir. Son visage était courroucé, sa trogne rouge
flamboyait; il se promettait de tancer vertement l'intrus
qui, si mal à propos, troublait sa conversation nocturne
et quotidienne avec la dive bouteille.

— Qui es-tu, canaille, qui frap...? s'écria-t-il d'une voix
encolérée; mais les sons s'éteignirent subitement dans
sa gorge. Sortant sa casquette de loutre et saluant avec
humilité, il ajouta : — Pardonnez-moi, Monseigneur,
je croyais qu'il n'y avait qu'un pouilleux Saint-Labre
pour venir à de telles heures ; vous m'excus....

Le vêtement splendide du Pape avait produit une
révolution dans l'âme de Saint-Pierre. Pie IX, indigné,
jeta une pièce au cerbère paradisiaque, et entra en
murmurant :

— Et dire que je suis le successeur de ce valet
soulard et insolent ! Il renia son maître au moment du
danger. Il le renierait cent fois encore pour étancher
son ivrognerie.

Saint-Pierre, un peu remis, admirait de l'œil Pic IX
marchant dans la grande avenue du Paradis.

— En voilà un qui est rup !... Mais quel chien ! il
ne m'a donné qu'une pièce de deux francs. Tonnerre
de Dieu ! c'est une pièce fausse du Pape... Le voleur.

Après avoir erré jusqu'au jour, le Pape trouva à qui s'en-
quérir de la demeure du Père Éternel. C'était une pauvre
chaumière. On l'avertit de ne pas prendre la peine de
frapper ; personne ne viendrait ouvrir. Au dire des
gens, Dieu dans sa vieillesse était devenu misanthro-
phe; il vivait seul et ne voulait entendre le bruit de la
voix humaine. Ces renseignements chagrinèrent le

Pape ; il commença à douter de la réussite de son entreprise. Cependant il poussa résolûment la porte et entra de plein pied dans la seule pièce de la masure. L'aspect était misérable. Le papier des murs était sale, déchiré et décollé par places ; des lézardes au plafond enfumé zigzaguaient. Près de la cheminée on voyait un fauteuil Voltaire et une petite table, avec un pot de tisane de guimauve et un verre ébréché. Dans le fauteuil un vieillard courbé en deux, tisonnait des fumerons, émettant plus de fumée que de chaleur.

Ce vieillard était Dieu.

Ce n'était pas le puissant ouvrier qui façonnna le morde en six jours, ce n'était pas le terrible Jéhovah qui lança la foudre et les éclairs sur Sodome, qui ouvrit les cataractes du ciel pour noyer les humains, ce n'était pas l'effrayant Dieu de Moïse, qui, sur le mont Sinaï apparut au milieu des éclairs, qui, pour inspirer l'amour semait la terreur, qui promenait sur la face de la terre la désolation, la peste, la famine.

Ce n'était pas le sombre Dieu du moyen âge, qui tapi au fond des tabernacles envahis par les ombres, humait l'odeur de la chair humaine grillée, et savourait les gémissements et les hurlements des torturés de l'Inquisition ; ce n'était pas le Dieu absolu de Charles-Quint et de Louis XIV, qui portait en sa forte main le globe du monde, ce n'était pas même le Dieu de Voltaire, le chétif horloger, qui remontait tous les matins la machine de l'univers ; ce n'était pas même le Dieu bourgeois, monarque constitutionnel qui régnait et ne gouvernait pas ; ce n'était pas même le Dieu vaporeux des métaphysiciens allemands, l'antithèse première, la négation du néant.

C'était un petit vieux sale, dégoûtant, la barbe inculte et remplie de crachats, grelottant, toussotant, renaclant, bavant; les jambes emmaillotées dans la flanelle, le corps enveloppé dans une robe de chambre rapetassée, usée et montrant la doublure rouge aux fesses.

Le Pape, saisi d'étonnement, s'oublia et parla sa pensée :

— Voilà la majesté décrépite, délabrée, ruinée que je représente sur la terre !

— Qui parle ici? s'écria Dieu, redressant sa figure jaunâtre, d'où s'élançait un énorme nez juif bourré de tabac... Toi tu te dis mon représentant sur la terre et tu oses parler en ma présence! Et tu oses venir me troubler en ce coin du Paradis, où ne pouvant mourir, j'essaie de me faire oublier. — Puisque tu as forcé la porte de ma retraite, contemples ce que tu appelles une majesté délabrée. Contemples ton œuvre et l'œuvre de tes prédécesseurs, papes maudits. — Maudit soit le jour où j'eus l'idée d'envoyer mon fils Jésus sur la terre! J'étais alors le maître souverain de la terre et des cieux; les humains n'adoraient que moi. Je suis relégué au fond des tabernacles ainsi qu'une antique guenille; maintenant, les hommes ploient leurs genoux et brûlent leurs cierges devant la face idiote de Jésus, devant le pucelage de sa gourgandine de mère, devant les pieds malpropres et odorants de Saint-Antoine, devant son compagnon, dont ils font une amulette. — Les temps de Mammon sont revenus ; le cochon d'or foule aux pieds Sabaoth, le dieu des armées... — Maudit soit le jour où je donnai la Raison aux hommes ! J'emplissais alors l'univers de ma force et de ma personne, je lançais la foudre, je déchaînais les vents, je soufflais la tempête, je soulevais les vagues des mers, j'ébranlais la terre dans les profondeurs de ses entrailles. Mais, ainsi qu'un enfant sans pitié arrache les pattes et les ailes d'un insecte, la Raison m'arracha une à une mes fonctions ; elle les octroya aux forces de l'inconsciente Nature. Je restais encore la providence qui asseyait les rois sur les trônes et déversait les richesses sur les hommes : mais l'inhumaine Raison enseigne que les rois sont rois, que les grands sont riches, parce que la masse humaine est bête et lâche et se laisse passivement commander et exploiter. La Raison en grandissant m'a rapetissé. La Raison emplit l'univers, — Maudite soit la Raison ! J'étais diminué, affaibli ; mais les âmes ignorantes, confuses, timorées, avaient encore besoin de moi ; j'existais pour elles. J'étais celui qui seul avait le droit d'être infaillible. Et toi, vieillard imbécile, tu m'as dépouillé de ma dernière prérogative, tu m'as précipité de mon trône, tu as fait de Dieu un pantin dont tu tiens les ficelles : c'est par tes yeux que je dois voir, c'est par ta bouche que je dois mentir. — Vieillard vaniteux et impie, sois maudit ! Race humaine, qui m'a renié après m'avoir créé à ton image, sois maudite ! Maudit, maudit soit celui qui a créé les hommes !... Ah ! si je pouvais lapider, écraser les fils de la terre, si je pouvais les submerger,

lancer sur eux toutes les plaies et tous les tonnnerres !
Ah ! je suis impuissant !

Et le Tout-Puissant retomba épuisé.

— Mais c'est un maniaque ! pensa le Pape. — Tout
est mal, ce qu'il a fait et ce qu'ont fait les autres...
J'aurais été proprement reçu si je lui avais parlé de mes
hémorroïdes, ainsi que le conseillait Antonelli. C'eut
été d'ailleurs inutile ; Dieu n'est bon qu'à jeter aux
chiens... Jésus est le Dieu qu'il me faut...

Pie IX se retira silencieusement et promptement.

III

A une petite distance de la bicoque de Dieu le père,
le Pape-Dieu rencontra une troupe folâtre de femmes
et de jeunes filles, parées d'étoffes voyantes et bigar-
rées. La bande joyeuse moutonnait autour d'un blond
jeune homme, cheveux lustrés et bouclés, joues et
lèvres peintes du plus bel incarnat, mains potelées et
couvertes de pierreries. Ce jeune homme frais, coquet
et pommadé semblait ne penser qu'à sa chevelure et à
l'effet de ses charmes sur son entourage féminin. Ce
petit gras était Jésus.

Oh ! combien différent de Christ le Nazaréen, du fils
du charpentier, de l'ami de Jean-Baptiste, le pasteur
sauvage dormant dans les cavernes et mangeant des
sauterelles ! Combien différent du Christ qui, halluciné
par la vue des misères humaines, s'enfonçait dans les
déserts et jeûnait pour partager les tortures des affa-

més; qui, pieds nus, allait par les chemins pierreux et, monté sur une douce ânesse, entrait triomphalement à Jérusalem ; du Christ qui suspendait à ses haillons divins un peuple de misérables, qui terrorisait les prêtres et les riches et prêchait l'espoir aux pauvres sans espérance! Combien différent du Christ qu'avaient douloureusement enfanté les esclaves de la Rome antique; du Christ, leur compagnon de chaîne, crucifié, ainsi que les héroïques gladiateurs de Spartacus, le révolté terrible! Combien différent du triste et maigre Christ du moyen âge, qui symbolisait les misères des jacques ! — Ces Christs sublimes, grands comme les douleurs populaires, nés, torturés, crucifiés dans le cœur des masses plébéiennes, ces Christs sont morts!... Il ne reste de vivant que le Jésus frisé de la Renaissance, le Jésus bourgeois, le Jésus des grandes dames et des courtisanes, le fade jeune homme blond.

Le pape scandalisé demeurait bouche béante.

— Salut, noble étranger! lui dit Jésus. A ton air ébaubi je devine que tu es un nouveau venu. Quelle chance! nous allons avoir des nouvelles de la terre. Apportes-tu les derniers numéros de la *Revue des modes?* Dieu soit béni et toi aussi, vénérable vieillard. Allons, déballe ton paquet! mes tendres colombes sont plus curieuses que des jeunes singes. Les femmes de la terre vont-elles toujours court vêtues, portent-elles encore des polissons? J'adore ce costume. C'est lesté, psit !..

— Seigneur, je venais vous parler des intérêts de votre sainte église, interrompit le Pape.

— Les Parisiennes teignent-elles leurs crinières en

jaune? Maudite mode! ma barbe et mes cheveux perdent leur originalité; j'ai envie de me teindre en noir. Qu'en pensez-vous, reines de mon cœur?

— Doux Jésus; toi notre idéal, te teindre serait peindre le lis! s'écria en cœur la troupe amoureuse.

— Prunelles de mes yeux, votre désir est ma loi.

— Seigneur, votre Église est attaquée.

— Les femmes s'enfarinent-elles de poudre de riz? Pouah! On croirait embrasser des sacs de meunier. J'ai défendu la poudre et le rouge à toutes celles qui m'ont consacré leur pomme-grenade. Si les hommes agissaient ainsi...

— Seigneur, vos temples sont profanés?...

— Rachel, l'émailleuse, a-t-elle inventé un nouveau parfum pour enivrer l'âme et réveiller les forces épuisées par l'amour?

— Seigneur, vos fidèles sont dans la désolation. Ils ne pleurent plus; ils ont pleuré toutes les larmes de leurs yeux; ils ne se lamentent plus, la main des impies a scellé leurs lèvres. Seigneur, vous êtes chassé de vos palais, et votre représentant sur la terre dort sur la paille d'une prison.

— Ça doit être mal commode. Mais sont-ce là les nouvelles que tu nous apportes de la demeure des vivants? Ah ça! qui donc es-tu pour prendre tant d'intérêt à mon Église?

— Seigneur, je suis Pie IX.

— Ah! ah! ah! Et la troupe folichonne de s'esclaffer.

— Ce pauvre vieux, le représentant de notre Jésus bien-aimé, dont les baisers sont si doux, dont les caresses font perdre la raison? Nous comprenons pourquoi la foi meurt dans le cœur des femmes.

L'indignation emplissait l'âme du Saint-Père, le rouge de la colère et de la honte montait à son visage ridé. Mais Jésus souriait bêtement et caressait sa barbe, le bras appuyé sur la Madeleine, sa favorite, tandis que les yeux de Sainte-Thérèse, brûlant de désirs amoureux, le dévoraient.

— Vieillard, ne fais pas attention à ce que disent ces petites folles; l'amour qu'elles me portent leur fait oublier le respect qu'elles te doivent. — Entre nous, elles ont raison. Qui donc a eu l'idée baroque de prendre, pour me représenter, des vieux, goutteux et répugnants, moi si beau, moi dont la vue fait sauter les cœurs des femmes comme de jeunes chevreaux. — Laisses-moi te communiquer une idée qui me passe par la tête; cela ne m'arrive pas assez souvent pour que je la laisse perdre. Je propose une réforme ; on élirait une papesse et un pape choisis parmi les plus beaux enfants de la terre. Au lieu d'écrire des *Syllabus* qui ne peuvent réjouir que des bilieux, chagrineux, chassieux, ces deux chefs de mon Église distribueraient leurs faveurs à celles et à ceux qui sauraient le mieux m'adorer... Bonhomme, ne hausse pas les épaules; mon idée vaut bien cette ridicule infaillibilité qui a donné la rage à mon père. Après tout, je m'en bats l'œil; fais ce que tu voudras de mon Église.

— Seigneur, ne détournez pas les regards de votre église, ne raillez pas la douleur de votre serviteur.

— Vieillard, je suis sérieux comme un garçon de

café qui présente la note... Une fois pour toutes, que mon église aille au diable! je ne veux pas de cassement de tête. J'ai bien assez de mal avec mes sultanes; sainte Thérèse, à elle seule, dompterait dix Hercules; c'est une vraie Messaline. Va trouver mon père.

— Dieu m'a maudit!

— T'es propre! Ne prend pas cette mine de cholérique, ça me trouble la digestion. Que puis-je pour toi?

— Venez avec moi sur la terre.

— Tu perds la tramontane! Moi, retourner sur la terre... J'ai assez des hommes pour toute l'éternité... Tiens, voilà le Saint-Esprit; il a conservé d'agréables souvenirs de la boule ronde, peut-être te suivra-t-il.

IV

La vierge Marie, vêtue d'une robe bleue traînante et sans ceinture, s'avançait nonchalamment.

Un pigeon blanc, le Saint-Esprit, perché sur ses épaules roucoulait et frolait amoureusement ses joues et son cou.

Derrière marchait saint Joseph; deux cornes gigantesques à nombreuses ramures, ornaient son front. Les cornes, au début, chagrinèrent le bon Joseph; mais sur l'avis de sa fidèle compagne, il consulta un jeune docteur et se tranquillisa l'esprit; il apprit que les cornes attestaient une supériorité; il se prit à les aimer, il remarqua que les attentions de Marie augmentaient avec leur croissance; il finit par les considérer comme la chose la plus précieuse du Paradis.

Le ménage à trois fit sourire le pape.

— Sainte-Vierge, ma mère, dit Jésus, apporte-nous l'Esprit-Saint, mon père selon la chair. — Et toi, Pigeon, qui a charge de l'esprit de la famille, conseille Pie IX.

— S'il ne faut que de l'esprit, j'en ai à 95 Gay-Lussac : pas de vin, mais divin, et du plus...

— Est-ce bientôt fini, interrompit le pape.

— Jamais; — je fais 60 calembourgs à l'heure, 1440 en vingt-quatre heures. Faut avoir le toupet d'un commissaire pour nier ma divinité?

Marie savourait les paroles de son pigeon; mais Pie IX maugréait entre ses dents :

— Quelle famille! — le plus intelligent est un oison. Si par malheur les hommes savaient ce qui se passe au ciel... Quelle collection d'idiots!

— Pie IX me propose de retourner sur la terre, dit Jésus. Si jamais on m'y repince, je licencie mon sérail, je cesse de cascader et je me marie... Mais toi, tu n'as rien à reprocher aux hommes et encore moins aux femmes, tu pourrais satisfaire le pauvre vieux. Tu sais voler; et au besoin tes ailes te tireront d'embarras.

— Coquin de Pie IX, t'es dans la dèche, et tu voudrais monter avec moi un mont-de-pi-été pour écorcher pi-eusement les croyants pi-eux; tu veux donc me métamorphoser en Pie voleuse, vieux Pie-grièche?

Et le sacré pigeon, tout fier, gonflait sa poitrine, étalait sa queue, indifférent aux doux regards de l'amoureuse Marie.

— Bien, je consens à redescendre sur la terre; mais auparavant je dois faire ma profession de foi.

L'Esprit-Saint se percha sur une des cornes de Saint-Joseph; après avoir toussé et retoussé pour se mettre en voix, il s'exprima ainsi :

— Je suis membre de la Trinité; mais je ne suis pas encroûté comme Dieu, ni écervelé comme mon fils Jésus. Je declare à la face du Paradis que je suis pour le progrès progressif, pour la perfectibilité perfectible des hommes et des dieux; je suis pour les chemins de fer; je condamne les charrettes traînées par des bœufs majestueux ainsi que des académiciens; je suis pour la lumière électrique, je condamne les chandelles qui empestent; je suis pour les rasoirs anglais qui rasent sans écorcher; je suis pour l'Internationale, le Communisme... Ah! mais non! — ma langue fourche! — Vous comprenez, quand on a tant d'idées qui grouillent, ou s'embrouille et bredouille. Je reprends : je suis pour Christoph Colomb; je suis pour la République fédérale, parlementaire, libertaire, décentralisatrice. Tout bien considéré, la Trinité est une République fédérale, égalitaire, l'idéal de la République. Suivez bien mon raisonnement : Jésus, bien que bête, est dieu; Dieu, bien que enragé, est dieu; moi, bien que Esprit pur, je suis dieu, tous dieux égaux et fédéralisés. Donc...

— Mais il est indécent qu'un pigeon débite de telles énormités! exclama le pape.

— Cher Esprit-Saint, reprit Joseph, si tu pars pour

la croûte terrestre, qui consolera mon inconsolable épouse? qui lui tiendra compagnie pendant les nuits d'insommie, quand elle quitte ma couche pour pleurer et prier?

— Marie ira trouver le jeune docteur qui t'a consolé, bon Joseph, reprit le Saint-Esprit; il la calmera avec du jus cocufiant... Soignes bien ta femme, elle sera bientôt mère.

— Mère encore! cria Saint-Joseph. Ah! pour le coup, je ne reconnais pas le bâtard. Je n'y suis pour rien, pas même pour les oreilles. J'en ai assez de paterniser les enfants de mon épouse. Marie repousse mes caresses afin de conserver sa virginité, et elle met bas plus de petits qu'une lapine.

— Joseph, pas tant de bruit pour si peu : qu'est-ce que cela peut te faire un enfant de plus, puisque c'est moi qui entretiens le ménage et te donne une inscription de rente à chaque nouvel accouchement de ta chère moitié. C'est moi, l'Esprit-Saint, qui ai fécondé Marie; mais elle reste vierge, quoique enceinte, et restera vierge encore après l'accouchement. C'est un mystère au-dessus de ton intelligence. Peut-être le pénétreras-tu quand tes cornes auront dix mètres... Allons, en marche! Une sainte ardeur emplit ma poitrine; je veux convertir les hommes, leur inoculer l'amour de la liberté, du libre échange, du crédit gratuit, et leur apprendre l'usage des imperméables anglais.

— Il faudra bâillonner cette brute, murmura le pape; en attendant, je bouche mes oreilles avec du coton.

Marie pleurait, Joseph riait, il sentait ses cornes grandir.

Le Saint-Père et le Saint-Esprit, arrivés à la porte du paradis, demandèrent le cordon.

— Où vas-tu, Saint-Esprit ? questionna Saint-Pierre.

— Sur la terre.

— T'es brave. La chasse est ouverte, et il se pourrait qu'on te logeât une charge de plomb dans le derrière.

— Saperlipopette ! saperlip... C'est vrai et sérieux.

— Pape infaillible, continua-t-il de sa voix la plus grave, j'ai de grands devoirs à remplir; je ne peux exposer ma vie ainsi qu'un simple pigeon. Ces mécréants d'hommes n'adorent que leur estomac ; ils seraient capables de me canarder, plumer et sauter à la crapaudine. Et que deviendrait la Trinité si moi,. son intelligence, j'étais passé au beurre. Et la vierge Marie, la malheureuse! Vieillard, de saints devoirs publics et privés m'attachent au rivage du Paradis. Quel malheur! j'aimerais tant à me sacrifier pour implanter parmi les hommes l'autonomie communale et la République parlementaire et malthusienne. Adieu!

Et le pigeon s'envola à tire d'ailes.

— Mais qui diable es-tu? demanda le portier.

— Je suis ton successeur, Pierre, ne feras-tu rien pour moi?

— T'es le voleur Pie IX? T'es celui qui exploite mon nom pour te faire des rentes; tu empoches le denier de saint Pierre et ne me donnes pas un rouge liard. Va-t'en d'ici, canaille!

Et d'un coup de pied Saint-Pierre lança le Saint-Père sur la terre.

———

Dans une salle du Vatican, deux vieillards, l'un vêtu de blanc, l'autre vêtu de rouge, parlaient. Le vieillard blanc gémissait et pleurait. Le vieillard rouge, agité par la colère, s'écria :

— Notre règne est fini. Maudits soient les hommes !

Une voix puissante retentit par les airs ; c'était la voix de Pan, la voix de la nature ; elle disait :

— Les cieux sont vides !

TABLE DES MATIÈRES

16 Mars 43